essentials

essentials liefern aktuelles Wissen in konzentrierter Form. Die Essenz dessen, worauf es als „State-of-the-Art" in der gegenwärtigen Fachdiskussion oder in der Praxis ankommt. *essentials* informieren schnell, unkompliziert und verständlich

- als Einführung in ein aktuelles Thema aus Ihrem Fachgebiet
- als Einstieg in ein für Sie noch unbekanntes Themenfeld
- als Einblick, um zum Thema mitreden zu können

Die Bücher in elektronischer und gedruckter Form bringen das Expertenwissen von Springer-Fachautoren kompakt zur Darstellung. Sie sind besonders für die Nutzung als eBook auf Tablet-PCs, eBook-Readern und Smartphones geeignet. *essentials:* Wissensbausteine aus den Wirtschafts-, Sozial- und Geisteswissenschaften, aus Technik und Naturwissenschaften sowie aus Medizin, Psychologie und Gesundheitsberufen. Von renommierten Autoren aller Springer-Verlagsmarken.

Weitere Bände in der Reihe http://www.springer.com/series/13088

Karlhans Liebl

Wirtschafts- und Organisierte Kriminalität

3., vollständig überarbeitete Auflage

 Springer VS

Karlhans Liebl
Ehemals Hochschule der Sächsischen
Polizei (FH)
Rothenburg/OL, Deutschland

ISSN 2197-6708   ISSN 2197-6716   (electronic)
essentials
ISBN 978-3-658-29094-8   ISBN 978-3-658-29095-5   (eBook)
https://doi.org/10.1007/978-3-658-29095-5

Die Deutsche Nationalbibliothek verzeichnet diese Publikation in der Deutschen Nationalbibliografie; detaillierte bibliografische Daten sind im Internet über http://dnb.d-nb.de abrufbar.

Planung/Lektorat: Jan Treibel
Springer VS ist ein Imprint der eingetragenen Gesellschaft Springer Fachmedien Wiesbaden GmbH und ist ein Teil von Springer Nature.
Die Anschrift der Gesellschaft ist: Abraham-Lincoln-Str. 46, 65189 Wiesbaden, Germany

Was Sie in diesem *essential* finden können

- Überblick über die Auswirkungen der größten Kriminalitätsprobleme der Gegenwart
- Hinweise auf das Ausmaß des Schadens durch diese Kriminalitätsformen
- Anhaltspunkte ihrer Gefährlichkeit für demokratische Systeme
- Analyse der Verflechtungen der kriminellen Organisationen
- Anzeichen für Verfolgungsprobleme und deren Ursachen

Inhaltsverzeichnis

Problembeschreibung 1

Wirtschaftskriminalität und Organisierte Kriminalität (letztere auch OK oder mit dem medialen Generalbegriff „Mafia" bezeichnet) wie auch die Korruption werden immer häufiger in den Medien thematisiert. Daneben gewinnt auch die sogenannte „Bekämpfung der Wirtschafts- und Organisierten Kriminalität" bei den Strafverfolgungsorganen eine größere Bedeutung – so jedenfalls die strafrechtspolitischen Statements (vgl. dazu z. B. Laudan 2019). Trotz jahrelanger Forderungen zur personellen Verbesserung hinsichtlich Zahl und Qualität der Ermittler stagnieren die Zahlen der fachlich geschulten Ermittler (einschließlich Staatsanwälten und Richtern[1]). So werden noch heute oftmals speziell ausgebildete Beamte aufgrund von Personalengpässen in ganz anderen Bereichen eingesetzt. Die Problematik hinsichtlich des Personalstärke und der Spezialisierung der Ermittlungsdezernate sowie eine vertrauensvolle internationale Zusammenarbeit war bereits vor Jahren bei der Abfassung der zweiten Auflage dieses Buches angesprochen worden und haben sich jedoch (fast) nicht verbessert. Man muss sogar feststellen, dass sich trotz komplexerer Straftaten die internationale Zusammenarbeit nicht gravierend weiterentwickelt hat und in Deutschland weiterhin Fach-Staatsanwälte und – Richter eher „Mangelware" sind. Die oftmals bei den Staatsanwaltschaften eingesetzten „Berufsanfänger" können noch keine ausgefeilten Erfahrungen des Wirtschaftslebens haben. Dazu kommt noch, dass nicht nur in den letzten Jahren wirtschaftskriminelles Handeln von Unternehmen offensichtlich wurde, denen man dies nicht zugetraut

---

[1]Auch wenn zur besseren Lesbarkeit des Textes nur die männliche Form gewählt wurde, sind immer Frauen, Männer und Diverse gemeint.

K. Liebl, *Wirtschafts- und Organisierte Kriminalität*, essentials, https://doi.org/10.1007/978-3-658-29095-5_1

hätte (wie z. B. die sogenannte „Mogelsoftware" in der Automobilindustrie). Weiterhin sind verschiedene Tendenzen in der Entwicklung der Strafverfolgung in diesem Bereich zu beobachten: Es existiert fast keine (erfolgreiche) Strafverfolgung für Subventionsbetrug auf EU-Ebene[2]. Nicht unerwähnt darf an dieser Stelle bleiben, dass solche Verfahren sehr arbeitsintensiv und damit oftmals eine lange Ermittlungszeit bedürfen.[3] Andererseits lassen bestimmte Handlungsweisen neuerdings auch die Vermutung aufkommen, dass sie Teil eines „Wirtschaftskrieges" um Markanteile und -verdrängung geworden sind.[4] Ausländische Konkurrenzfirmen für die heimische Industrie werden bei Verfehlungen mit hohen Strafzahlungen belastet und „heimische" Firmen nicht in Ermittlungen einbezogen oder durch geringe Bußgelder bzw. „Kronzeugen" weiteren Ermittlungshandlungen enthoben.[5] Auch aus diesem Grund und den bekannten Sachverhalten kann daher nur die Forderung an die Politik lauten, dass die einzelnen Staaten zu einer effektiven Zusammenarbeit bei den Ermittlungen gegenüber Wirtschaftskriminalität und OK kommen müssen. Es darf nicht sein, dass man die Schädigungen eines fremden nationalen Wirtschaftsbereiches eher mit Genugtuung hinnimmt und seine eigenen tatbeteiligten Unternehmen nicht weiter belangt, ja sogar z. T. beschützt. Zwei Beispiele sollen dieses Problem beleuchten:

a) Auch zum Zeitpunkt der Abfassung der Neuauflage sind im Bereich der Steuerhinterziehung die Verfahren wegen sogenannter „Cum-Cum"- oder „Ex-Cum"-Geschäften immer noch nicht abgeschlossen (siehe dazu die Ausführungen im Text). Diesbezüglich wurde deutlich, da der Aktienbesitz von Firmen international gestreut ist, dass Aktionäre, die an solchen Taten beteiligt waren, von ihren nationalen Strafverfolgungsorganen nichts zu befürchten haben.

---

[2]Vgl. dazu z. B. Sieber (1998), Warner (2003) und Kühne und Liebl (2014) oder die jährlichen Tätigkeitsberichte des „Europäischen Amtes für Betrugsbekämpfung", Brüssel.

[3]Diese erschließen sich oftmals nur durch eine umfangreiche Aktenanalyse. Vgl. zu den Ermittlungsschwierigkeiten bei der Arzneimittelkriminalität ausführlich Liebl (2017).

[4]Man betrachte hierzu einmal die Ermittlungen gegen die Deutsche Bank im Zusammenhang mit den vom US Kongress vorgenommenen Untersuchungen wegen Geldwäsche im Russland-Geschäft und auch die Beteiligung des US-Präsidenten Trump an diesen Geschäften (vgl. u. a. Stuttgarter Zeitung vom 07.09.2019: 17).

[5]Dabei sollte jedoch nicht vergessen werden, dass in Deutschland bisher die Möglichkeit Unternehmen für Strafhandlungen zu belasten nur in sehr geringem Umfang möglich ist. Änderungen sind zwar – schon seit Jahrzehnten – angedacht, aber noch nicht umgesetzt, sodass man hier auch ein hausgemachtes Problem konstatieren kann (vgl. BMJV-Entwurf des „Verbandssanktionengesetz" vom 22.08.2019).

b) Produktfälschungen werden in manchen Staaten ohne jegliche Strafverfolgung produziert bzw. werden in anderen Ländern die allgemeinen Patent- und Markenschutzrechte nicht anerkannt. Insoweit werden „Produktpiraterien" staatlicherseits aufgrund der Förderung der eigenen landesinternen Wertschöpfung nicht verfolgt und somit den Patent- bzw. Markenschutzinhabern erheblichen Schaden zugefügt. So wurden 2018 über 5 Mio. gefälschte Waren vom deutschen Zoll beschlagnahmt. Der Gesamtschaden soll bei 54 Mrd. € liegen, wobei Schätzungen davon ausgehen, dass zwischen 70.000 und 500.000 Jobs deswegen verloren gehen (vgl. Die Zeit 22.08.2019: 17).

Hinsichtlich der OK soll nach neuesten Erkenntnissen diese mit ihren „Geschäftsfeldern" ca. 900 Mrd. € umsetzen. Die Unterscheidung von legaler und illegaler Ökonomie wird immer unsicherer, da der Schwerpunkt der Tätigkeit nicht mehr (nur) auf dem Handel mit Drogen oder der Zwangsprostitution liegt. Beim Handel mit Arzneimitteln bis hin zu menschlichen Organen wird der Nachweis immer schwieriger – insbesondere auch aufgrund der Globalisierung und der damit verbunden Zuständigkeiten verschiedenster Landesbehörden. Aufgrund der weiteren Straffung der OK-Organisationen in verschiedenen Ländern, wie z. B. Mexiko, Kolumbien oder Indien – um nur einige wenige zu nennen –, der damit einhergehenden Unterwanderung oder „Bezahlung" – also Korrumpierung – von offiziellen Strafverfolgungsorganen wird das Agieren dieser OK-Strukturen weder eingeschränkt noch oftmals wenigstens erschwert. Als Beispiel soll nur dienen, dass bis heute der hundertfache Mord an jungen mexikanischen Mädchen, die wohl für Pornofilme oder Zwangsprostitution in den USA missbraucht worden sind, weder aufgeklärt wurde, ja nicht einmal ein Aufklärungsinteresse überhaupt festzustellen ist.[6] Solche Zustände führen in den Ländern mit einer starken OK zu einer weiteren De-Stabilisierung des politischen Systems und der Ausweitung der Korruption auch in den Alltag hinein. Daneben spielen insbesondere in den letzten Jahren die Geldwäsche und der Abbau von seltenen und wichtigen Rohstoffen mit neuen Formen der Sklavenarbeiter und einer Umweltzerstörung eine immer größer werdende Rolle, wozu nicht nur Diamanten oder Gold zählen sondern in jüngster Zeit auch z. B. Sand, Lithium oder „Seltene Erden". Nicht vergessen werden darf, dass der Menschenschmuggel und das Schleusertum weiteren Zuwachs gewinnen wird. Gleichwohl kann auch hier nur durch die intensive

---

[6]Vgl. zu den Hintergründen sehr informativ Coelho (2010) und zuletzt Türk (2019) im Beitrag „Frauenmorde in Mexiko" im n-tv-Programm vom 19.05.2019 (auch unter: www.n-tv.de/panorama/Benazir-starb-weil-sie-ein-Maedchen-ist-article21028492.html).

Zusammenarbeit der Staaten versucht werden, wenigstens die größten Auswüchse zu verhindern und das menschenverachtende Wirken dieser Täter schon im Ansatz zu unterbinden.

Was verbirgt sich nun hinter der Wirtschaftskriminalität und OK? Wie sehen die auf nationaler und internationaler Ebene verübten Tathandlungen aus, welchen Umfang haben sie und wo liegen die Probleme für die Strafverfolgung? Im Folgenden wird versucht, wenigstens ansatzweise diese Fragen zu beantworten, Zusammenhänge aufzuzeigen und damit auch Forderungen nach einer verbesserten Strafverfolgung zu begründen. Anzumerken ist, dass in vielen Facetten der Wirtschaftskriminalität und OK das Internet eine große Rolle spielt. Weiterhin zeigte sich bei der Abfassung dieser Neuauflage, dass Berichte zu diesen Kriminalitätsformen in den letzten Jahren nicht als Buch- oder Zeitschriftpublikationen erschienen sind, sondern Hinweise eher in Medienberichten oder Internetinformationen zu finden waren. Insoweit werden Buch- oder Zeitschriftenquellen in der üblichen Form (Name und Erscheinungsjahr) im Text zitiert. Medienberichte und Internetquellen werden mit ihrem Quellencode als Fußnote angeführt.

Maulbronn, im November 2019
Der Verfasser

Wirtschaftskriminalität 2

Was versteht man unter Wirtschaftskriminalität und welche Deliktstrukturen verbergen sich dahinter? Diesen Fragen wird nachfolgend nachgegangen und ihre Tatstrukturen anhand von kurzen Beispielen erläutert (s. auch Tab. 2.1).

Die Delikte der Wirtschaftskriminalität finden sich weder in einem einheitlichen Gesetzbuch noch in einem eigenen Abschnitt im deutschen Strafrecht. So fehlt auch bisher eine einheitliche internationale wie auch allgemein anerkannte nationale Definition von Wirtschaftskriminalität. Die unterschiedlichen in die Diskussion eingebrachten Definitionen beleuchten den Gegenstand aus verschiedenen Blickwinkeln und zeigen oftmals nur auf, welcher Gesichtspunkt gerade im Mittelpunkt des Interesses des jeweiligen Betrachters stand (vgl. ausführlich die Definitionsdebatte bei Liebl 1985; Burkatzki 2015).

Es zeigte sich jedoch, dass zumeist diese Kurz-Definitionen immer mehr durch umfangreichere Beschreibungen ersetzt wurden, wie z. B. die von Coleman vorgeschlagene und auch in Deutschland häufig anzutreffende Beschreibung der Wirtschaftskriminalität. Diese lautet: „… a violation of the law committed by a person or a group of persons in the course of their otherwise respected and legitimate occupation or financial activity" (Coleman 1987, S. 5). Daneben fiel in den letzten Jahren auf, dass in den 2000er-Jahren auf Initiative von Wirtschaftsprüfergesellschaften (wie z. B. PWC) versucht wird, die Wirtschaftskriminalität als Kriminalität *in* Unternehmen darzustellen und somit gleichfalls versuchen, Täterschaften umzudefinieren.[1]

---

[1] Vgl. als ein letztes Beispiel Bussmann (2018).

© Der/die Herausgeber bzw. der/die Autor(en), exklusiv lizenziert durch
Springer Fachmedien Wiesbaden GmbH, ein Teil von Springer Nature 2020
K. Liebl, *Wirtschafts- und Organisierte Kriminalität,* essentials,
https://doi.org/10.1007/978-3-658-29095-5_2

Tab. 2.1 Allgemeine Kurz-Definitionen der Wirtschaftskriminalität

Begriff	Verwendung und Bedeutung	
	National	International
White-collar-Crime („Weiße Kragen-Kriminalität")	Synonym für Wirtschaftsdelikte (zuletzt selten verwendet)	Kriminalität der Oberschicht, schließt jedoch auch z. B. Todesfälle durch falsche Arztbehandlung ein (Gegensatz „Blue-collar-Crime"[a] als Straßenkriminalität)
Occupational crime	Keine Verwendung	Berufsbezogene Kriminalität (speziell Firmenleitung); nur noch selten verwendet
Corporate crime	Unternehmenskriminalität (nur selten verwendet)	Unternehmensbezogene Kriminalität (aufgrund anderer Rechtslage auch das Unternehmen als Täter)
Economic crime	Synonym für Wirtschaftskriminalität, insbesondere innerhalb der EU-Verwaltung	Wirtschaftskriminalität, jedoch außerhalb der EU eher selten verwendet
Wirtschaftskriminalität nach § 74 c GVG[b]	Insbesondere im Bereich der Strafverfolgungsorgane häufig verwendet	Keine Verwendung

[a]In jüngster Zeit keine Verwendung mehr; [b]GVG = Gerichtsverfassungsgesetz

Welche Begehungsmöglichkeiten bzw. Deliktsformen der Wirtschaftskriminalität gibt es nun? Man kann ganz pauschal feststellen, dass die Palette der Delikte fast das ganze Alphabet umfasst: Von A, wie Anlagebetrug, über E, wie Effektenfälschungen, I, wie Insolvenzstraftaten und S bis Z, wie Steuerhinterziehung und Zollvergehen.

Kommen wir zu den Deliktstrukturen der Wirtschaftskriminalität Den Schwerpunkt der Wirtschaftskriminalität stellen Betrugsstraftaten (§ 263 Strafgesetzbuch[2]) dar. Der Grund liegt darin, dass betrügerische Handlungen in den verschiedenen Formen und unter Ausnützung sehr unterschiedlicher Tatsituationen durchgeführt werden können. Nicht zum Bereich der Wirtschaftskriminalität gehört z. B. der sogenannte „Shopping-Betrug", d. h. eine Privatperson bestellt ohne Zahlungswille oder Zahlungsmöglichkeit Waren. Wie stellt sich nun der

---

[2]Die genannten Paragraphen beziehen sich – soweit nicht anders angegeben – auf die in Deutschland gültige Gesetzgebung.

Betrug in der Wirtschaftskriminalität dar? Nachfolgend werden die wichtigen Betrugsarten mit ihren Begehungsweisen vorgestellt. *Allgemeiner Wirtschaftsbetrug.* Hierbei handelt es sich um eine hinsichtlich der Tatbegehung einfache Vorgehensweise der Täter. So werden Waren bei einem Unternehmen bestellt und nach Bezahlung nicht geliefert, da es das Unternehmen überhaupt nicht gibt oder die gelieferte Ware ist nicht mängelfrei bzw. es werden Waren im großen Umfang bestellt und diese nicht bezahlt. Eine Rücknahme oder Zahlungsklage wird z. B. durch eine schon vorgeplante Insolvenz des Verkäufers unmöglich gemacht. Es kommt auch vor, dass kleinere Teilbeträge bzw. Bestellungen bezahlt werden um so eine seriöse Geschäftsabwicklung vorzuspielen und es danach zu größeren Schädigungen kommt. Hierzu zählen auch die vermehrt auftretenden Angebote im Internet, bei der angeblich Prominente für bestimmte Produkte (und Geldanlangen) Werbung machen. Aktuelle unseriöse Angebote findet man beim Verein Minikama, der den Schaden auf bis zu 100.000 € im Einzelfall schätzt. Eine spezielle Form des allgemeinen Wirtschaftsbetrugs stellt der Baubetrug dar, durch den zahlreiche Bauwillige um erhebliche Summen geschädigt werden. Durch diesen *Baubetrug* werden insbesondere private „Bauherren" betrügerisch geschädigt, indem die Lieferung von Baustoffen nach einer Anzahlung nicht erfolgt bzw. keinerlei Baufortschritte geleistet werden. Weiterhin gehören dazu die Verwendung von mangelhaftem Baumaterial oder nicht fachgerechten Materialen oder auch die nicht den Regeln des Bauhandwerks entsprechende Planung und Durchführung einer Baumaßnahme. Bevor die Geschädigten Regress nehmen können, geht die betrügerische Baufirma in die Insolvenz. Aufgrund der Durchdringung des alltäglichen Lebens durch das Internet spielt seine Ausnützung für den Bereich der Wirtschaftskriminalität eine zunehmende Rolle. Dabei handelt es sich nicht um eine neue Form von kriminellem Handeln, sondern die Anonymität oder die Möglichkeiten der Verschleierung spielen hier die entscheidende Rolle. Dazu kommen noch fehlende Möglichkeiten eines finanziellen Regresses bzw. der Strafverfolgung aufgrund Global- bzw. Internationalisierung der Tatbeteiligten. *Der Internet-, IT- oder Computerbetrug* beinhaltet eine zumeist ähnliche Phänomenologie wie der allgemeine Wirtschaftsbetrug (zu Hackerangriffen etc. siehe Abschnitt „Staatlich organisierte OK"). Insbesondere wird das Internet für umfangreiche Schädigungen durch Betrugshandlungen von Endverbrauchern benützt, wobei sich hier auch immer wieder Verbindungen zur OK ergeben. Es kommt dabei auch zu Tatgeschehen, in denen mit gefälschten Internet-Seiten von bekannten seriösen Anbietern die Käufer in die Irre gelockt werden und es dadurch zu finanziellen Schädigungen (z. B. durch Identitätsdiebstahl oder Kreditkartenbetrug aufgrund der erlangten Kenntnisse) kommt. Gleichfalls wird das Internet von Finanzbetrügern genützt, die ihre Absenderadressen so verändern, dass z. B.

die Finanzbuchhaltung eines Unternehmens der Ansicht ist, dass die Mitteilungen vom Geschäftsführer kommen und sie eine vertrauliche und dringende Überweisung auf ein ausländisches Konto vornehmen sollen (sog. *CEO-Fraud*[3]). Aufgrund der situativen Tatanlage wird diesem Vorgehen Vertrauen geschenkt und es kommt zu erheblichen finanziellen Verlusten. So sollen allein in Baden-Württemberg Unternehmen in einem Jahr um 55 Mio. € geschädigt worden sein (siehe dazu einen ausführlichen Bericht in der Stuttgarter Zeitung vom 06.02.2019: 28). Weiterhin ist zu beachten, dass nur die Fälle des Internetbetrugs zur Wirtschaftskriminalität zählen, wo auf Täterseite eine „wirtschaftsunternehmerische Organisation" vorliegt oder vorgetäuscht wird. Dies zeigt plakativ nochmals die Problematik einer genauen Definition der Wirtschaftskriminalität auf. Der *Kreditbetrug* (§ 265b StGB) ist ein weitere Form des Betruges in der Wirtschaftskriminalität. In betrügerischer Absicht werden Kredite für Bauvorhaben (hier sei nur an den berühmten Fall „Schneider" erinnert[4]) oder auch durch die Vorspiegelung von vorhanden Realgütern (z. B. von Containern, die jedoch überhaupt nicht vorhanden sind oder von Horizontalbohrmaschinen wie im berühmten „FlowTex-Fall") erschlichen. Dabei werden Dokumente und gefälschte Nachweise vorgelegt, die nicht der Realität entsprechen. Dies kann z. B. durch ein „Umlabeln" von Leasing-Gegenständen[5] oder von Frachtpapieren geschehen, die die Ladung von bestimmten Containern, z. B. auf einem Schiff im Indischen Ozean, beweisen sollen. Bei diesem Betrug spielt zumeist eine gewisse Vertrauensstellung des Täters oder die geringe Kontrolltätigkeit oder -möglichkeit eine Rolle. Ein neuer beispielhafter Fall in dieser Hinsicht ist die Vermietung von Containern durch die (insolvente) Fa. P & R in München mit einem Gesamtschaden von ca. 3,5 Mrd. € mit 54.000 Geschädigten (vgl. Stuttgarter Zeitung vom 09.10.2019: 11). Von 1,6 Mio. verkauften Containern existierten tatsächlich nur ca. 600.000. Der sog. *Ausschreibungsbetrug*[6] ist ein seit Jahrzehnten gängiges Model, insbesondere die Allgemeinheit bei der Durchführung von großen Bauvorhaben,

---

[3]Siehe ausführlich zur Tatbegehung z. B. „Wie Kriminelle Millionen von Unternehmen stehlen" vom 05.10.2016 unter: www.watchlist-internet.at/news/wie-kriminelle-millionen-von-unternehmen-stehlen/.

[4]Vgl. die Darstellung des Falles zuletzt in Frankfurter Allgemeine Zeitung vom 18.05.2019: 23.

[5]Wobei beim Leasing ganz einfach der Gegenstand z. B. an eine Bank oder private Personen verkauft wird und diese Käufer diesen gekauften Gegenstand gegen eine Mietgebühr dem Verkäufer zur Nutzung überlässt.

[6]Auch als „Submissionsbetrug" bezeichnet oder nach dem StGB „Wettbewerbsbeschränkende Absprache bei Ausschreibungen" (§ 298 StGB).

wie z. B. der Bau eines Flughafens oder beim Straßen-, Brückenbau oder der Erstellung von Verwaltungsgebäuden, zu schädigen. Dabei werden die in einem offenen Bieterverfahren abgegebenen Angebote für den Bau oder die Errichtung des Ausschreibungsgegenstandes unter den möglichen Bauträgern abgesprochen, sodass keine tatsächliche Konkurrenzsituation vorhanden ist, oder die Angebotsbeschreibungen werden so ungenau umschrieben, dass es zu finanziell sehr teuren Nachbesserungen für die Allgemeinheit kommt. Häufig werden die Bauarbeiten auch mit wesentlich billigeren Materialien ausgeführt als berechnet, z. B. wird beim Autobahnbau eine billigere Kiesvariante gewählt und nur die Kontrollpunkte bei der Bauabnahme werden ausschreibungsgemäß ausgeführt. *Subventionsbetrug* (§ 264 StGB) wird begangen, um staatliche Subventionen – im Augenblick insbesondere EU-Subventionen – aufgrund von Falschangaben zu erlangen. Dabei kommt es oftmals zur Zusammenarbeit von verschiedenen Wirtschaftsunternehmen, wie z. B. im Agrarbereich bei den sog. „Abschlachtungsprämien". Hier ist aber auch der Einfluss der OK bei der Vergabe z. B. von EU-Subventionen (z. B. bei der Förderung von wirtschaftlichen Erschließungsmaßnahmen im ländlichen Raum) zu beachten. Ein besonderes Schlaglicht auf diese Fälle zeigen die Pressemitteilungen zum Fall des tschechischen Ministerpräsidenten Babis, dem vorgeworfen wurde, dass er Millionen EU-Subventionen für ein ihm gehörendes Wellness-Resort unberechtigt erhalten haben soll.[7] Der *Kapitalanlagebetrug* (§ 264a StGB), umgangssprachlich werden darunter alle Formen des Betrugs um Anleger zu täuschen und finanziell zu schädigen verstanden, nach dem StGB bezieht sich jedoch nur z. B. auf Schädigungen im Zusammenhang mit dem Vertrieb von Wertpapieren, wo beispielsweise in Verkaufsprospekten falsche Angaben zum Vermögensstand etc. gemacht werden. In diesen phänomenologischen Bereich fallen aber auch Betrugshandlungen, bei denen für eine Geldanlage z. B. exorbitante Verzinsungen oder Kursgewinne versprochen werden (im ersteren Fall werden anfangs die Zinsen aufgrund eines „Schneeballsystems" aus Neuabschlüssen an die Frühanleger bezahlt bis dieses System notgedrungen zusammenbricht bzw. im zweiten Bereich z. B. Aktien aufgrund von ver- oder gefälschten Medieninformationen als Anlagepapiere oder auch in letzter Zeit sog. „Krypto"-Währungen mit großer Zukunftsperspektive und Kursgewinnen veräußert). Zumeist enden diese Beteiligungen in der Vermögenslosigkeit des Anlageobjektes,

---

[7]Das Verfahren wurde durch die Staatsanwaltschaft zwischenzeitlich eingestellt, wobei es dagegen zahlreiche Demonstrationen gab und gibt (vgl. – aufgerufen am 20.09.2019 – mdr-Nachrichten Osteuropa unter: www.mdr.de/nachrichten/osteuropa/tschechien-babis-proteste-korruption-tour-100.html).

da oftmals die Mittel zweckentfremdet wurden und dann das Gesamtengagement in einer Insolvenz endet[8]. *Marktmanipulation, Zins-, Wechselkurs- (Währungshandel) und Aktienmanipulationen*[9] sowie *Kursbetrug*[10] gehören ebenfalls in die Rubrik „Anlagebetrügereien". Dabei handelt es sich oft um sehr komplizierte Vorgehensweisen, die nicht einfach zu erklären sind. Ein Beispiel aus dem Jahre 2018: Eine Vermögensverwaltung steht unter dem Verdacht, wobei die die Täter seit 2009 ein undurchschaubares Firmengeflecht genutzt haben, Anleihen ausgegeben zu haben und diese in abgesprochenen Geschäften zwischen Kapitalanlegern sowie kapitalanlegenden Fonds an der Börse im Freiverkehr gehandelt zu haben. Damit konnten Kurse erzielt werden, die nicht eingeweihten Marktteilnehmern eine Werthaltigkeit der Anleihen vortäuschten, die jedoch nicht vorhanden war. Sobald ein maximaler Erlös mit den Wertpapieren erzielt werden konnte, brach der Markt zusammen und die Anleihen waren quasi wertlos und die Käufer betrügerisch geschädigt. Bekannt sind auch die vermuteten Kursmanipulationen im Zusammenhang mit dem Zahlungsdienstleister „Wirecard" (vgl. Stuttgarter Zeitung vom 18.04.2019: 10), die betrügerischen Anlageangebote des Goldhändlers PIM oder die bekanntgewordenen Absprachen zwischen Banken hinsichtlich der Höhe des „Libor-Zinses"[11], bei denen international tätige große Bankinstitutionen aber auch genossenschaftlich organisierte Banken in Deutschland beteiligt waren. Weitere Fälle beziehen sich z. B. auf fünf internationale Großbanken, die sich über geplante Handelstätigkeiten und offene Kundenaufträge austauschten, um sich so gegenseitig bessere Geschäfte zu ermöglichen, wobei z. T. „filmreife" Treffen für die Absprachen geplant wurden, z. B. bei Zugfahrten oder in Chat-Räumen mit der Bezeichnung „Semi Grumpy Old Men" („Halb-grantige alte Männer").[12] Letztendlich soll an dieser Stelle noch auf den *Abrechnungsbetrug* hingewiesen werden, durch den jedes Jahr die Sozialversicherungssysteme erhebliche Schäden

---

[8]Z. B. ein aktueller Fall von Anlegerschädigungen beim Landgericht Stuttgart aufgrund der Vermittlung von Windkraftanlagen – vgl. Stuttgarter Zeitung 22.08.2019: 9.

[9]Die Tathandlungen sind – auch wenn sie umgangssprachlich als betrügerische Handlung bezeichnet werden und oftmals auch der Betrugstatbestand verwirklicht ist – eigenständige Legaldefinitionen, wie die Marktmissbrauchsverordnung (MMVO).

[10]Es geht hier auch um die Tatbestandsmerkmale der „sonstigen Täuschungshandlung" nach § 20a I Satz 1 Nr. 3 WpHG a. F. bzw. § 21 WpHG n. F.

[11]Der Skandal, der die Verbraucher wohl um Milliarden € geschädigt hat, ist ganz schnell und „sang und klanglos" aus den Medien verschwunden (vgl. SZ vom 06.12.2017, abrufbar unter sueddeutsche.de/wirtschaft/der-zins-skandal-und-die-folgen-lieber-ohne-libor-1.3777623 – zuletzt 23.08.2019).

[12]Vgl. Stuttgarter Zeitung vom 17.05.2019: 11.

erleiden.[13] Leider wurde seit dem ersten Bekanntwerden dieser Betrugsform im Jahre 1980 bisher wenig gegen ihre Eindämmung unternommen (vgl. Liebl 2017). Dieser Umstand und die personalintensiven Ermittlungsprobleme führen dann auch dazu, dass weniger als 5 % der Fälle zu einer Verurteilung führen, was von den Interessenverbänden regelmäßig als „Unschuldsbeweis" interpretiert wird.[14] Es zeigen sich hier wiederum die eingangs bereits erwähnte fehlende Aus- und Fortbildung und die mangelnde Personalausstattung der Ermittlungsbehörden in diesem Bereich. Auch muss noch auf Formen der *Sozialleistungsbetrugs* verwiesen werden, bei denen für beschäftige Arbeitnehmer – auch aufgrund von sogenannter Scheinselbstständigkeit – keine Sozialabgaben abgeführt werden und es damit zur Schädigung der Arbeitnehmer und der Sozialkassen (bzw. der „Allgemeinheit") kommt. So hat z. B. alleine ein Fall von sogenannter *„Schwarzarbeit"*, der von der Staatsanwaltschaft Mannheim bearbeitet wurde, Schadenssummen von ca. 1,25 Mio. € aufgezeigt.

Die Veruntreuung von Geldbeträgen aufgrund der institutionellen Wahrnehmung der Vermögensbetreuung[15] ist hinsichtlich der hohen Schadenssummen ein weiterer Schwerpunkt der Wirtschaftskriminalität (§ 266 Strafgesetzbuch). Dabei handelt es sich jedoch nicht bei jeder Veruntreuung von Geldern, z. B. durch einen Vermögensbetreuer, um Wirtschaftskriminalität. Sehr oft tritt auch Untreue in Verbindung mit Kapitalanlagebetrug auf, z. B. durch das Herausziehen von Kapital aus Anlagefonds oder dass von Kunden als Anlage gedachte Gelder nicht im Sinne der Anlage fremdverwendet werden. Die Untreue ergibt sich als Wirtschaftsdelikt auch immer dort, wo das Management Firmenvermögen für

---

[13]So berichtet die Ärzte Zeitung am 28.11.2018 von 50 Mio. €. Wobei erwähnt werden muss, dass darin auch Beträge von tatsächlichen Fehlabrechnungen enthalten sein können.

[14]Vgl. dazu z. B. „Abrechnung aktuell" Ausgabe 06/2003 unter www.iww.de/aaa/archiv/abrechnungsbetrug-strafrechtliche-vorwuerfe-gegen-aerzte-konsequenzen-und-verteidigungsstrategie-f39290 (Aufruf 26.08.2019). Hierzu ist weiter zu bemerken, dass auch eine Einstellung nach § 153a StPO gegen eine Bußgeldzahlung zwar die Unschuldsvermutung gegenüber dem Beschuldigten nicht aufhebt, jedoch bekannt ist, dass gerade bei Problemen des Nachweises aufgrund problematischer und umfangreicher Ermittlungen oftmals nicht von einem fehlenden Tatverhalten ausgegangen werden kann (vgl. dazu auch Liebl 2017).

[15]Z. B. durch einen Rechtsanwalt – wobei hier oftmals keine Wirtschaftskriminalität gesehen wird, wenn es sich nicht um eine unternehmensrechtlich organisierte Kanzlei handelt –, eine Bank bzw. einen Bankmitarbeiter oder aufgrund der beruflichen Tätigkeit, z. B. als Prokurist, Geschäftsführer oder Vorstandsmitglied.

nicht dem Unternehmen dienende Maßnahmen entzieht. Ein bekannter Fall der letzten Jahre war der des früheren Arcandor-Vorstandsvorsitzenden Middelhoff.

Die Steuerhinterziehung (geregelt in der Abgabenordnung – AO und zahlreichen Nebengesetzen) ist eine Form der Wirtschaftskriminalität, die oftmals sehr unspektakulär abläuft, aber der Allgemeinheit einen sehr hohen Schaden aufbürdet. Die Steuerhinterziehungen sind häufig sehr einfach gestaltet, so wenn Einnahmen verschwiegen oder Kosten überhöht dargestellt werden. Dabei werden auch oft Einnahmen in Tochtergesellschaften im Ausland verlagert und die Kosten im Inland verbucht, wobei zumeist Länder ausgewählt werden, die sehr geringe Steuersätze haben. Diesbezüglich ist zu erwähnen, dass zahlreiche solcher „steuerrechtlichen Gestaltungen" aufgrund fehlender gesetzlicher Einschränkungen völlig legal sind (man nehme nur die globalen Internetkonzerne, die z. T. eine Steuerbelastung aufgrund solcher Gestaltungen von unter 5 % auf den Gewinn erbringen müssen).

Daneben gibt es jedoch Vorgehensweisen, die komplexer gestaltet sind und auch oftmals mit wesentlich höheren Schadenssummen einhergehen. So die sog. *„Mehrwertsteuerkarusselle"*, bei denen keine oder immer die gleichen Waren (wie z. B. hochwertige Handys oder Fleischerzeugnisse) zwischen verschiedenen Staaten ausgetauscht werden, jedoch durch Scheinrechnungen ein reger Handel abgebildet wird.[16] Aufgrund der steuerlichen Möglichkeiten wird dabei die im internationalen Handel erstattungsfähige nationale Mehrwertsteuer von den Finanzämtern zurückgefordert. Bis die betrügerischen Handlungen auffallen, sind die Beträge in andere Länder transferiert und die beteiligten Unternehmen gehen in die Insolvenz, sodass von ihnen keine Rückforderungen mehr erfolgen können.[17]

---

[16]Für Betrügereien bei der Umsatzsteuer mittels sogenannter Umsatzsteuerkarusselle kann grundsätzlich jedes Produkt beziehungsweise jede Ware genutzt werden. Wie die Bundesregierung in ihrer Antwort (BT-Drs. 19/11067) auf eine Kleine Anfrage der Fraktion Die Linke dazu mitteilt, würden erfahrungsgemäß allerdings vorzugsweise kleine und hochpreisige Waren genutzt. Dies geschehe unter dem Gesichtspunkt, dass man in kurzer Zeit den höchstmöglichen Nutzen aus einem Umsatzsteuerkarussell ziehen wolle. In der Vorbemerkung zur Kleinen Anfrage hatte die Fraktion Die Linke erklärt, allein in Deutschland würden die Steuerzahlerinnen und Steuerzahler durch Umsatzsteuerkarusselle mutmaßlich um einen zweistelligen Milliardenbetrag pro Jahr gebracht.

[17]Auch die rechnungsstellenden Unternehmen führen keine Steuer ab und „tauchen" vor einer Aufdeckung unter.

Laut einer Recherche des ZDF-Magazins „Frontal 21" soll jährlich ein Schaden von 50 Mrd. € durch Umsatzsteuerkarusselle entstehen.[18]

In den letzten Jahren wurden insbesondere sehr umfangreiche Steuerhinterziehungen unter Beteiligung von Banken – auch deutschen öffentlichen Bankinstitutionen (Sparkassenbereich) oder sogar Tochterunternehmen der Deutschen Börse – bekannt, wodurch die Allgemeinheit um Milliarden € geschädigt wurde (vgl. Frankfurter Zeitung vom 08.06.2019: 1). Diese *„Cum Ex"*- und *„Cum Cum"*-Geschäfte, wie sie in der Fachwelt genannt werden, sind nicht so leicht darzustellen.[19] Der Trick basiert auf ganz komplexen Aktiengeschäften und der Besteuerung der entsprechenden Dividenden. Durch massenweisen An- und Verkauf von Aktien – um den Dividendenstichtag – haben Investoren und Banken gezielt Aktienpakete hin- und hergeschoben (z. B. auf sogenannten Leihverträgen) um die tatsächlichen Eigentümer der Aktien vor dem Finanzamt zu verschleiern und sich als ausländische Aktienbesitzer die einbehaltene Kapitalertragsteuer erstatten zu lassen. Dies geschah bei manchen Aktienpaketen sogar mehrfach, sodass die Finanzämter auch Kapitalertragssteuern erstatteten, die gar nicht bezahlt wurden. Auch nach Gesetzesänderungen im Jahre 2012[20] wurden ähnliche Betrugsmaschen fortgesetzt, zum Beispiel Cum-Cum-Geschäfte, die auf dem Zusammenspiel ausländischer und inländischer Banken beruhten. Durch kurzfristiges Hin- und Herschieben von Aktien rund um den Dividendenstichtag konnten auch so Steuern hinterzogen werden. Hält ein ausländischer Anleger beispielsweise Aktien eines deutschen Unternehmens, muss er die Dividenden entsprechend versteuern. Verschiebt er die Aktien kurzfristig an eine Bank und erhält sie erst danach wieder zurück, so zahlt er diese Steuern auf die Dividenden nicht. Die Bank muss zunächst die Dividenden versteuern, kann sich diese Steuern

---

[18]Interessant ist in diesem Zusammenhang, dass das europäische Amt für Betrugsbekämpfung OLAF erst ab einer Schadenssumme ab 10 Mio. € zuständig ist. Wobei sich die Frage stellt, ob die Schadenssummen bereits bei einem Anfangsverdacht richtig eingeschätzt oder diese aufgrund nur nationaler Ermittlungszuständigkeiten überhaupt aufgedeckt werden können (vgl. BT-Drs 19/11352). Vgl. dazu auch den Bericht unter www.zdf.de/politik/frontal-21/der-grosse-betrug-vom-7-mai-2019-100.html (aufgerufen am 20.09.2019).

[19]Eine umfassende Darstellung der Vorgehensweise ist der BT-Drs. 19/12212 bzw. 19/12692 zu entnehmen.

[20]Inwieweit zuvor diese Handlungen rechtswidrig gewesen sind bzw. aufgrund von „Beratungen" überhaupt erst stattgefunden haben, ist im Augenblick noch nicht abschließend höchstrichterlich entschieden.

jedoch erstatten lassen. Bank und Investor teilen sich den finanziellen Erfolg – der Fiskus hat das Nachsehen.[21]

Weiterhin sind auch Steuerhinterziehungen im Alltag anzuführen. So wenn insbesondere in „Asia"-Restaurants Rechnungen durch ein im Rechnersystem der Restaurantkassen „verstecktes" Programm nachweislos gelöscht werden konnten. Dem deutschen Fiskus sollen dabei Schäden in Höhe von 100 Mio. € entstanden sein.[22]

Mit einem weiteren Bereich der Wirtschaftsvergehen kam wohl fast jede Person bereits in Berührung. Es geht dabei um *Produktfälschungen.* Allein nach OECD Schätzungen sollen im Jahr 2016 ge- oder verfälschte Waren in einem Umfang von 121 Mrd. € in die EU verbracht worden sein. Weltweit wird der Schaden auf ca. 460 Mrd. € geschätzt (OECD Meldung für 2016). Deutlich wurde auch, dass Hongkong und China immer noch als „Marktführer" bei der Herstellung von Produktfälschungen gelten[23]. Als Beispiel seien hier illegal hergestellte – zumeist hochpreisige – Markenartikel, wie Uhren (z. B. von Rolex), Handtaschen (z. B. von Hermes), Schuhe (z. B. von Nike) oder Bekleidungsstücke (insbes. auch „Marken-Jeans" wie Versage, Givenchy, Valentino, Gucci, Roberto Cavalli o. ä.), aber auch Medikamente oder Maschinenteile bzw. ganze Maschinen genannt. Vertrieben werden diese verbraucherbezogenen Waren oftmals in Urlaubsgebieten und immer häufiger über das Internet. Medikamente werden, speziell auf den Märken der Entwicklungsländer[24], in den Wirtschaftskreislauf durch Organisationen (hier bestehen dann auch Verbindungen zur OK) eingeschleust oder Maschinen auch ganz öffentlich auf Messen angeboten. Weiter

---

[21]Zum Zeitpunkt der Abfassung dieser Veröffentlichung war noch nicht abschließend entschieden ist, ob dieser Aktienhandel tatsächlich strafbar war oder nur eine „straffreie Dreistigkeit" darstellte (Frankfurter Zeitung vom 05.10.2019: 27). In diesem Bericht wurde auch ausgeführt, dass daran zahlreiche Mitwisser involviert waren, da ansonsten die Kettentransaktionen viel früher hätten auffallen müssen.

[22]Vgl. Spiegel-online vom 16.03.2019 unter www.spiegel/de/wirtschaft/deutschland-aisresturantsprellen-staat-offenbar-um-hunderte-millionen-euro-a-2358061.html – aufgerufen 19.03.2019. Ab 2020 soll aufgrund eines neuen „Kassengesetzes" die Regelung eingeführt werden, dass alle Kassensysteme eine vom Bundesamt für Sicherheit in der Informationstechnik zertifizierte Sicherheitseinrichtung (TSE) besitzen müssen.

[23]Es häufen sich in der letzten Zeit wieder Berichte über zahlreiche internationale Produktfälschungen, die aus China stammen (vgl. z. B. IHK-Bericht in der Pforzheimer Zeitung vom 02.10.2019: 1).

[24]Oder „Less Developed Countries" (LDC) nach dem Bundesministerium für wirtschaftliche Zusammenarbeit und Entwicklung (BMZ).

sehr die Volkswirtschaften schädigende Handlungen stellen die *Wirtschafts- und Betriebsspionage* dar. Dabei muss beachtet werden, dass als Betriebsspionage das Ausspähen von Betriebsgeheimnissen zwischen zwei Unternehmen bezeichnet wird und die Wirtschaftsspionage das staatliche Ausspionieren von Unternehmen oder ganzen Wirtschaftsbereichen beinhaltet. Von der Betriebsspionage sind, wie eine gerade abgeschlossene Studie des Max-Planck-Instituts in Freiburg zeigte[25], auch kleine und mittlere Betriebe vermehrt betroffen, wobei hier aufgrund der Möglichkeiten der Internetvernetzung auch „Angriffe" von verschiedensten Organisationen aus unterschiedlichen Ländern auf die Betriebsstrukturen zu verzeichnen sind. Dabei besteht insbesondere Interesse an Konstruktionsplänen aber auch an Einkaufspreisen bzw. der Preiskalkulation.

Die zwischenstaatliche Wirtschaftsspionage ist demgegenüber im EU-Bereich nicht mehr so präsent, wobei letztere Fälle insbesondere eine Verwicklung des Staates Israel aufzeigten. Andererseits darf man nicht vergessen, dass in diesem Bereich eine große Vermeidungsstrategie herrscht, Vorfälle dieser Art zu veröffentlichen und man deshalb von einem großen Dunkelfeld ausgehen muss. Abschließend müssen noch die *Urheberrechtsverletzungen* durch z. B. das ungenehmigte Herunterladen aus dem Internet genannt werden um diese Informationen dann auf Tauschbörsen ohne Lizenz anzubieten. Hier stellt sich eine so vielfältige Vorgehensweise dar, dass an dieser Stelle nur auf weiterführende Hinweise verwiesen werden kann[26].

Einen Schwerpunkt, der von den Ermittlungsbehörden bearbeiteten Wirtschaftskriminalität, stellte in den letzten Jahren die *Insolvenzkriminalität* (§§ 283 ff. StGB; 64, 84 GmbHG) dar.[27] Trotz einer seit Jahren prosperierenden Wirtschaft kommt es bei Unternehmen immer wieder zu Existenzkrisen, d. h. aufgrund plötzlich wegfallenden Zahlungseingängen, Produktfehlern, aber auch von Markthemmnissen wegen politischer Veränderungen können Zahlungsverpflichtungen nicht mehr eingelöst werden. Dadurch werden wiederum andere Personen oder Unternehmen geschädigt, was auch bei diesen Krisensituationen auslösen kann. Da in diesen Krisensituationen oftmals von den Eigentümern

---

[25]Projektzusammenfassungen finden sich bei Knickmeier 2019 bzw. unter www.mpg.de/12008528/W005_Kultur_Gesellschaft_072-077.pdf (vom 20.06.2019). Der Schlussbericht ist abrufbar unter https://www.tib.eu/de/suchen/id/TIBKAT%3A1676533281/Wirtschaftsspionage-und-Konkurrenzaussp%C3%A4hung-in (01.10.2019).

[26]Vgl. z. B. www.e-recht24.de/artikel/tauschboersen/72.html vom 20.09.2019.

[27]Es wird darauf hingewiesen, dass die Privatinsolvenz nicht zur Wirtschaftskriminalität gehört und eigenen Vorschriften unterliegt.

versucht wird, die Krise irgendwie zu überwinden oder Rettungsversuche fehl-schlagen, kommt es dazu, dass ein Insolvenzantrag nicht rechtzeitig gestellt wird (insbesondere bei Kapitalgesellschaften). Diese Rettungsversuche können auch dazu führen, dass durch Vereinbarungen oder Handlungen Schuldner- oder Gläubigerbegünstigungen vorkommen, d. h. Bevorteilung von Personen oder Unternehmen, denen z. B. durch schnelle Barzahlung an das Krisenunternehmen hohe Abschläge auf ihre Schulden angeboten werden oder Kreditgebern an das Krisenunternehmen eine bevorzugte Tilgung ihrer Kredite zugesagt wird, wenn sie weiterhin liefern oder auch eine Neugründung unterstützen.

Auch die Nichterstellung von Bilanzen, zu dem jedes Unternehmen verpflichtet ist um Auskunft über seinen Vermögenszustand zu geben, gehört in den Bereich der Insolvenzkriminalität. Weiterhin kann auch eine Überschuldung als Insolvenz-grund vorliegen, d. h. dass das Unternehmensvermögen zur Deckung der Verbind-lichkeiten nicht mehr ausreicht und auch kein sonstiges Vermögen mehr dafür zur Verfügung steht. Da die Begehungsweisen („Tatsituationen") sehr differieren, sei zur weiteren Information auf einschlägige Untersuchungen verwiesen (vgl. Liebl 2011). Weiterhin müssen in diesem Zusammenhang auch Insolvenzen erwähnt werden, die zur Vermeidung von Schadenersatz erfolgen. Wie ein Fall aus der Humanmedizin, wo über Nebenwirkungen, wie z. B. beim Schmerzmittel „Osy-contin" des Purdue-Konzerns in den USA, unzureichend aufgeklärt wurde. Ein ähnlicher Fall liegt auch in Deutschland aus jüngster Zeit vor, bei dem es durch mit Listerien-Keime verunreinigte bzw. total verschimmelte Wurstwaren der Firma „Wilke-Wurst" zu drei Todesfällen und weiteren Erkrankungsfällen kam. Kurz nach Bekanntwerden dieser Vorfälle hat die Firma Insolvenz angemeldet, wohl auch um Entschädigungszahlungen an die Betroffenen zu vermeiden.[28]

Ein eher weniger beachteter oder nur bei großen Skandalen aufgrund der Medienberichterstattung bekanntwerdender Bereich stellen *Verstöße gegen das Lebensmittelrecht* dar. Dieser untergliedert sich stark und umfasst Delikte z. B. nach dem Weingesetz oder die Tierarzneimittelverordnung[29]. Auch im Bereich der Strafverfolgung fristen diese Taten eher ein „Schattendasein", trotz der bei

---

[28]Vgl. Bericht in der NZZ vom 16.09.2019 unter www.nzz.ch/international/pharmakon-zern-purdue-beantragt-glaeubigerschutz-auch-soll-es-millionen-ueber-schweizer-bank-konten-versteckt-haben-die-neuesten-entwicklungen-und-hintergruende-zur-opioid-kri-se-in-den-usa-ld.1504775. Zum „Wilke-Wurst-Skandal" u. a. Focus-online vom 07.10.2019 unter www.focus.de/gesundheit/news/listerien-skandal-um-wilke-im-news-ticker-wuerste-haetten-auf-muell-gehoert-dann-wurden-sie-verkauft_id_11203271.html.

[29]Genau: Verordnung (EU) 2019/6 des Europäischen Parlaments und des Rates vom 11. Dezember 2018 über Tierarzneimittel und zur Aufhebung der Richtlinie 2001/82/EG.

Kontrollen festgestellten erheblichen Verstöße. Dass hierbei fast von einem Schutz der Täter gesprochen werden kann, ergibt sich daraus, dass der Wirtschaftskontrolldienst bei den Polizeidienststellen in den letzten Jahren aufgelöst und die Kontrolle – wie in Baden-Württemberg – z. B. den Regierungspräsidien zugeordnet wurde. Damit liegen auch aus den Bundesländern nur mehr sehr gekürzte oder gar keine Zahlen zu den Verstößen mehr vor (vgl. dazu auch Schäfer 2015).[30] Zudem werden diese Zahlen sehr positiv dargestellt, wenn z. B. für das Jahr 2018 in Baden-Württemberg angeführt wurde, dass nur 0,3 % der Proben gesundheitsschädlich gewesen sein sollen (vgl. Stuttgarter Zeitung vom 20.09.2019: 7). Daneben wurde weiter ausgeführt, dass alle Proben von Aprikosenkernen mehr Blausäure enthalten hätten als der EU-Grenzwert erlaubt. Die Frage nach einer Gesundheitsgefährdung – z. B. bei längerem Genuss – bleibt unbeantwortet, da der Einzelfall wohl nicht gleich zu einer lebensbedrohlichen Vergiftung führt.

Hinsichtlich des *Tierarzneimittelgesetzes* erbrachte eine im Zeitraum von 2014 bis 2016 durchgeführte Untersuchung bei der Tieraufzucht umfangreiche Verstöße gegen die gesetzlichen Bestimmungen zu Tage, wobei insbesondere die Geflügelzucht von Puten negativ auffiel. Da die Putenaufzucht nur unter Einsatz von Antibiotika vorgenommen werden kann und aufgrund der (zu kleinen) Stallhaltung es zu häufigen Erkrankungen der Tiere kommt, werden unerlaubte Mengen von Arzneimittel (insbes. auch Antibiotika) eingesetzt. Diese werden zu einem großen Teil über Tierärzte – speziell aus den Benelux-Staaten bezogen. Dabei zeigten sich hier auch Verbindungen von Wirtschaftskriminalität mit der Organisierten Kriminalität (vgl. Sinn u. a. 2019: 51 ff.). Erwähnt werden müssen auch die häufig festgestellten Falschdeklarationen, wie z. B. beim Fischverkauf, wo billigere Fischteile als Edelfischteile ausgegeben werden, das Gewicht der Verkaufswaren durch Zusatz von Wasser verfälscht wird oder z. B. Filetware verkauft wird, die sich jedoch nur aus Fischabfällen zusammensetzt. Gleichfalls werden auch Produkte als Bio-Ware verkauft, die jedoch diese Qualitätsnormen nicht einhalten. Solche Verfälschungen treten selbstverständlich auch beim Fleisch- und Wurstverkauf auf, wobei gerade der letztere Produktbereich vielfältige Möglichkeiten zum Betrug bietet. Weiterhin kommt es immer wieder bei der Herstellung von

---

[30]Auch die gesetzlich verpflichtenden Verbraucherinformationen geben nur Einzelfälle wider und liefern kein Gesamtbild. So kann man nur aus lange zurückliegenden Zeiträumen Zahlen nennen, wenn z. B. 2011 28 % der kontrollierten Betriebe aufgefallen sind und insgesamt 33.000 Verstöße festgestellt werden konnten.

Lebensmitteln zu gesundheitsgefährdeten Verunreinigungen – wie zuletzt bei „Wilke-Wurst" mit Listerien[31]. Auch werden immer wieder Fälle aufgedeckt, in denen Olivenöl in großen Mengen – insbesondere der Qualitätsmarke „nativ extra" – gepanscht wurde[32] oder billige Weine als Qualitätsware – insbesondere aus der Toskana-Region[33] – verkauft wurden. In diesem Zusammenhang stellt man auch fest, dass z. B. das Eichgesetz im Bereich der Strafverfolgung keine Rolle mehr spielt, obwohl man bei Untersuchungen in den 1980er Jahren aufdeckte, dass fast jede abgepackte Ware ein Untergewicht aufwies und somit der Verbraucher erheblich geschädigt wurde.[34] Da das verpackte Warenangebot seit dem damaligen Untersuchungszeitraum erheblich zugenommen hat, kann man sich das „Zubrot" der Verkaufsmärkte leicht vorstellen.

Weitere Erscheinungsformen der Wirtschaftskriminalität könnten noch seitenlang aufgeführt werden. Eine Auflistung – jedoch bereits 1987 erstellt – aller strafrechtlichen Normen dieser Kriminalität umfasste mehrere hunderte Einzelvorschriften, die jedoch seit dieser Zeit noch wesentlich erweitert wurden (vgl. Liebl 1985, S. 35). An dieser Stelle sollen nur noch die *Nichtabführung von Sozialbeiträgen* (§ 266a StGB) von Arbeitnehmern durch die Unternehmen bzw. die illegale Beschäftigung von Arbeitskräften *(„Schwarzarbeit")*, zumeist aus Osteuropa, angeführt werden. Dazu gehört auch die vorgetäuschte Selbstständigkeit.[35] Zu nennen wären weiter noch *Preisabsprachen* oder Schädigungen der Käuferinnen und Käufer durch *technische Manipulationen* (z. B. die Abschaltsoftware bei PKWs). Dabei stehen diese Taten oftmals auch im Zusammenhang mit *kartellrechtlichen Verstößen* (§ 1 Gesetz gegen Wettbewerbsbeschränkungen – GWG), auf deren Begehungsweisen und Komplexität an dieser Stelle jedoch nur hingewiesen werden kann. Als Beispiele können lediglich einige wenige angeführt werden, wie das sog. „Zuckerkartell", bei dem mehrere Zuckerhersteller ihre Abgabepreise abgestimmt haben und damit die Verbraucher erheblich schädigten. Weitere bekanntgewordene Fälle bezogen sich auf Preisabsprachen beim Bierpreis, Absprachen von Herstellern

---

[31]Vgl. dazu auch den Abschnitt „Insolvenzkriminalität".

[32]Vgl. Bericht der ARD vom 20.09.2019 unter: www.daserste.de/information/ratgeber-service/vorsicht-verbraucherfalle/qualitaetsschwindel-bei-olivenoel-100.html.

[33]Vgl. u. a. „Brunello-Fälscher aufgeflogen" im Meininger Weinwirtschaft-Magazin vom 22.12.2016 unter www.meininger.de/de/weinwirtschaft/news/brunello-faelscher-aufgeflogen.

[34]Es konnte damals ermittelt werden, dass die Zusatzeinnahmen eines einzelnen Verbrauchermarktes im Jahr bei einer 6stelligen Summe lagen (vgl. Liebl 1985).

[35]Zumeist im Zusammenhang mit Menschenhandel und/oder Arbeits- und Mietausbeutung.

von Schienen für den Bahnverkehr bzw. auch hinsichtlich der Rabattgewährung an Endabnehmer durch LKW-Hersteller. Der Fall im Zusammenhang mit der Deutschen Bahn soll alleine zu Schäden von 500 Mio. € geführt haben[36]. Weiterhin werden in letzter Zeit als NGOs auftretende Vereinigungen von Unternehmen genützt, wie z. B. von Toyota bei der Deutschen Umwelthilfe (vgl. SWR1 Nachrichtensendung vom 17.02.2019), um Konkurrenten anzuprangern oder diese durch negative Imagezufügungen zu schädigen. In welchem Umfang dies bereits geschieht, ist letztendlich noch nicht geklärt.

Diese Vielzahl der möglichen Straftaten macht deutlich, welche Ermittlungsschwierigkeiten bei den Strafverfolgungsorganen gelöst werden müssen und wie umfangreich und vielfältig die Anforderungen an die Ausbildung der Ermittler sind.

---

[36]Bericht in der „Bild am Sonntag" vom 29.09.2019: 3.

Ein „Verbindungsdelikt" zwischen Wirtschaftskriminalität und OK – die Korruption

3

Der Bereich der Korruption gehört jeweils zu Teilen zur Wirtschaftskriminalität und OK sowie zur „Allgemeinen Kriminalität". Daraus wird ersichtlich, dass Korruption eine Handlung ist, die sehr vielfältig im Alltagsgeschehen auftreten kann. Was ist nun Korruption? In Deutschland gibt es keinen besonderen Tatbestand der Korruption, sondern die Tathandlungen sind in verschiedene Normen gefasst, die von Vorteilsannahme, über Bestechlichkeit bis zur Abgeordnetenbestechung („Stimmenkauf") reichen (§ 108e; §§ 299 bis 300; §§ 331 bis 335 StGB). Auffallend ist, dass beispielsweise Bereiche eines „aktiven Lobbyismus", z. B. großzügige Einladungen zu sogenannten „Fachtagungen" weiterhin ohne Einschränkungen möglich sind, wohingegen Geschenke an Beschäftigte des öffentlichen Dienstes über 10 € bereits als Korruptionshandlung gelten[1]. Diese in Deutschland bestehenden zahlreichen Tatbestände beleuchten jeweils spezielle Verhaltensweisen, die als Korruption angesehen werden können. So wird im § 334 Bestechung ausgeführt:

> *Wer* einem Amtsträger, einem Europäischen Amtsträger, einem für den öffentlichen Dienst besonders Verpflichteten oder einem Soldaten der Bundeswehr einen Vorteil für diesen oder einen Dritten als Gegenleistung dafür anbietet, verspricht oder gewährt, dass er eine Diensthandlung vorgenommen hat oder künftig vornehme und dadurch seine Dienstpflichten verletzt hat oder verletzen würde…

---

[1]Die besondere Problematik hierzu kann aus Platzgründen nicht weiter ausgeführt werden (vgl. dazu Deutscher Gewerkschaftsbund „Vorsicht bei Geschenken" unter: www.dgb.de/themen/++co++c1787de4-cf3d-11e1-497f-00188b4dc422 – aufgerufen am 20.09.2019).

In Deutschland wird die Phänomenologie der „korruptiven Beziehung" nach gängigem Forschungsstand in drei Grundmuster eingeteilt:

1. „situative Korruption"
2. „begrenzte Korruptionsbeziehungen"
3. „korruptive Netzwerke".[2]

Die Kategorien werden wie folgt unterschieden:

a) Bei der „situativen Korruption" steht auf einer Akteur-Seite die Abwendung eines erheblichen „Übels" (wie z. B. Führerscheinverlust infolge einer Alkoholfahrt) im Vordergrund und geht oftmals aus einer spontanen Handlung hervor.

b) *Als „begrenzte Korruptionsbeziehungen" werden Handlungen in einer „gewachsenen Beziehung"[3] verstanden, durch die sich in so entstandenen „direkten Einzelbeziehungen" Vorteile verschafft werden. Solche Vorteile können in der Erteilung von Genehmigungen, dem Erhalt von Bescheinigungen oder zur Erlangung von Führerscheinen oder Aufenthaltsgenehmigungen liegen oder aber auch im Erteilen eines Zuschlags bei einer Leistungsausschreibung, z. B. bei der Vergabe von öffentlichen Aufträgen.*

c) *„Korruptive Netzwerke" umfassen Fälle, die durch ein Zusammenspiel von zahlreichen Akteuren geprägt sind, wie es oftmals bei großen Baumaßnahmen vorkommt (hier oftmals ein Zusammenspiel verschiedener Verwaltungsstellen und den Angehörigen verschiedener Unternehmen). Im nicht deutschen Bereich gehören dazu insbesondere die sogenannten Korruptionsbeziehungen von „mafios" organisierten Gruppierungen (vgl. zu der Einteilung Höffling 2002, S. 45 ff.).*

---

[2]Aus Platzgründen müssen weitere Detaillierungen unterbleiben. Es sei daher z. B. auf die zuletzt im deutschsprachigen Raum erschienenen Veröffentlichungen von Bannenberg 2002 oder Kliche 2011 verwiesen.

[3]Nach Bannenberg sind dies Korruptionsfälle, die zwar bedeutend sind, jedoch räumlich und personell begrenzt. Es geht dabei um Beziehungen, die länger andauern und auf Wiederholung angelegt sind. Es erfolgt jedoch eine Eingrenzung des Raumes dahingehend, dass sich dieser maximal auf ein Bundesland beziehen sollte. Damit würden z. B. Korruptionsfälle von Bundesbehörden nicht in diese Kategorie fallen oder Fälle, die zwar nahe zusammenliegende Großstädte betreffen jedoch eine Bundeslandgrenze überschreiten (wie z. B. Halle und Leipzig) (Bannenberg 2006, S. 103 ff.). Insoweit ist daher diese Systematik wenig hilfreich.

Es muss noch darauf verwiesen werden, dass immer von einer „Verwahrlosung der Moral" als Erklärung für ein korruptives Verhalten gesprochen wird. Dieser wird mit Bezug auf die Korruption als „unmoralischer Tausch" (Neckel 1995, S. 9) bezeichnet, wobei jedoch nicht übersehen werden darf, dass auch „die Moral ... ursprünglich aus der Frage geboren (ist), welche Gegenleistung für das geboten wird, was man zuvor erhalten hat" (Neckel 1995, S. 9). Dies bedeutet letztendlich aber auch, dass Korruption mit ihren möglichen Erscheinungsformen im weitesten Sinne nicht nur „Tauschverhältnisse" beinhaltet, die prinzipiell verwerflich und unakzeptabel sind, sondern sich darin auch Verhaltensweisen wieder finden können, die allgegenwärtig und vertraut sind (vgl. dazu Liebl 2000). Simmel fasste dies in die Worte: „Aller Verkehr der Menschen beruht auf dem Schema von Hingabe und Aequivalent" (Simmel 1907, S. 503). Wann jedoch ein „Tauschverhältnis" sozial verwerflich wird, das ist der zentrale Gesichtspunkt, über den nachgedacht werden sollte.[4]

An dieser Stelle muss noch auf den Korruptionswahrnehmungsindex (CPI)[5] von *„Transparency International"* Bezug genommen werden, der sehr stark in der Presse Beachtung findet. „Der *Korruptionswahrnehmungsindex (CPI)* listet Länder und Gebiete nach dem Grad der im öffentlichen Sektor von Expertinnen und Experten sowie Führungskräften wahrgenommenen Korruption auf. Es ist ein zusammengesetzter Index aus 13 Umfragen und Untersuchungen, die auf korruptionsbezogenen Daten beruhen, welche von einer Reihe unabhängiger und namhafter Institutionen erhoben wurden."[6] Dabei zeigen jedoch die angeführten Quellen, dass diese den Anforderungen an sozialwissenschaftliche Methoden und

---

[4]Auf das Zusammenspiel z. B. von politischer und ökonomischer Macht zielt die Redewendung „Beziehungen sind das halbe Leben". Über diese sprichwörtliche Redensart findet man zwar keine „Entstehungsgeschichte" in den einschlägigen Lexika (vgl. z. B. Röhrich 1994), man kann sie aber wohl als Volksweisheit betrachten. Dabei gibt es zwei „Ausrichtungen" dieses Sprichwortes: Eine positiv und eine negativ besetzte Bedeutung. Eine positive Bedeutung haben zwischenmenschliche Beziehungen, innerhalb derer man sich gegenseitig hilft, z. B. bei einer Reparatur oder wenn man sich mit Rat und Tat zur Seite steht, eine negative Bewertung erhalten die eingangs aufgeführten Beziehungen. Aufgrund der Nähe oder der „Gratwanderung" zwischen dem sozial Gewünschten und dem sozial Verachteten liegt das Problem der Korruption und wird daher wohl dauerhaft eine Herausforderung für die Strafverfolgung darstellen.

[5]Wobei eine Wahrnehmung nur subjektiv ist. Ob objektiv eine Korruption vorliegt, lässt sich damit nicht feststellen.

[6]So die offizielle Definition von Transparency International (vgl. die Ausführungen unter www.transparency.de).

ihrer Validität oftmals problematisch ist, so wenn z. B. ein *„IMD World Competitiviness Yearbook"* als Quelle zitiert wird und dort eine *„Corruption question"* – zur Feststellung eines Korruptionsindex – wie folgt beschrieben wird: *„Bribery and corruption: Exist or do not exist"*.[7]

---

[7]Wer kann eigentlich hier mit „nein" antworten? Weiterhin wird nicht ausgeführt, wer die befragten „developing global leaders" waren. Letztendlich bleibt auch fraglich, wie die verschiedenen Quellen in ein Ranking umgerechnet wurden.

Organisierte Kriminalität

4

Bevor man sich dem Bereich der Organisierten Kriminalität (OK) zuwendet, muss die Definitionsfrage dieser Kriminalitätsart kurz angesprochen werden. Über Jahre wurde z. B. in Deutschland darüber diskutiert, ob es eine OK überhaupt gibt (vgl. die Hinweise bei Pütter 1997; Albrecht 2001) und dies trotz der Tatsache, dass fast täglich über „Rauschgift-Connections", Kinderhandel oder große Schmuggelaktionen berichtet wurde. Vielfach wurde diese Kriminalität jedoch als eine besondere Spielart von „Berufsverbrechern" gesehen, was ein gängiger Begriff in der deutschen Polizei seit ca. 1870 gewesen ist (vgl. Heindl 1926; Middendorff 1983). Bekannt war und es wurde darüber auch diskutiert, dass in einigen Staaten „mafiose" Organisationen existieren, wie z. B. in Italien die namensgebende Mafia oder 'Ndrangheta oder in Japan die Yakuza o. ä. Trotz der größeren Zuwanderung aufgrund des Arbeitskräftemangels in Deutschland auch aus Italien, war man eher der Auffassung, dass „Mafioso" lediglich „zu Besuch" nach Deutschland kommen oder aber sich hier „zum ‚Ausruhen' zurückziehen", aber ansonsten Deutschland OK-frei wäre (vgl. dazu z. B. Weitemer 2000). Diese Einstellung hat sich in der Zwischenzeit jedoch geändert und es gibt nun auch für Deutschland eine offizielle Definition der OK. Relativiert wird dies jedoch durch das Bundesministerium des Innern und auch das Bundesjustizministerium, die davon ausgehen, dass „bislang noch keine einhellig anerkannte Definition von OK" vorliegen würde (vgl. Bundesministerium des Innern/ Bundesministerium der Justiz 2006, S. 440). Innerhalb der Polizeibehörden in Deutschland wurde von einer einheitlichen Arbeitsdefinition der OK gesprochen (vgl. Müller und Niewald 2006, S. 197), wobei ein ehemaliger BKA-Präsident sagte, dass „diese Definition selbst Eingeweihten nur in glücklichen Stunden verständlich" ist (vgl. Zachert 1995). Diese Definition ist jedoch heute keine – wissenschaftlich begründete – Definition der OK mehr, sondern nur noch eine

© Der/die Herausgeber bzw. der/die Autor(en), exklusiv lizenziert durch Springer Fachmedien Wiesbaden GmbH, ein Teil von Springer Nature 2020
K. Liebl, *Wirtschafts- und Organisierte Kriminalität*, essentials,
https://doi.org/10.1007/978-3-658-29095-5_4

Abgrenzungsrichtlinie zu anderen Formen, z. B. bandenmäßiger Kriminalität. Sie lautet:

> Organisierte Kriminalität ist die von Gewinn- oder Machtstreben bestimmte, planmäßige Begehung von Straftaten, die einzeln oder in ihrer Gesamtheit von erheblicher Bedeutung sind, wenn mehr als zwei Beteiligte auf längere oder unbestimmte Dauer arbeitsteilig:

- unter Verwendung gewerblicher oder geschäftsähnlicher Strukturen,
- unter Anwendung von Gewalt und anderer zur Einschüchterung geeigneter Mittel oder
- unter Einflussnahme auf Politik, Medien, öffentliche Verwaltung, Justiz oder Wirtschaft zusammenwirken.[1]

Innerhalb der EU aber auch auf internationaler Ebene wird neben der nationalen OK, die oftmals sehr länderspezifisch hinsichtlich der kulturellen Zusammensetzung (oftmals von Migrationsgruppen) zu „mafia-type-criminal-organisations" bzw. hinsichtlich ihrer Organisationsform („more than three persons act in a co-ordinated way") definiert werden (vgl. Council of Europe 2014, S. 9 ff.; oder auch zur Debatte Arnold 2000), auch hinsichtlich einer *Transinternational OK* unterschieden. Diese wird in diesem Zusammenhang wie folgt definiert:

> …organised crime group shall mean a structured group of three or more persons, existing for a period of time and acting in concert with the aim of committing one or more serious crimes, in order to obtain, directly or indirectly, a financial or material benefit" und weiter
> (a) It is committed in more than one State;
> (b) It is committed in one State but a substantial part of its preparation, planning, direction or control takes place in another State;
> (c) It is committed in one State but involves an organized criminal group that engages in criminal activities in more than one State; or
> (d) It is committed in one State but has substantial effects in another State (Council of Europe 2014, S. 9).

Bevor auf die Aktionsfelder der OK eingegangen wird, muss noch auf verschiedene Kriminalitätsentwicklungen eingegangen werden, die oftmals in den letzten Jahren als ein Synonym für OK betrachtet wurden. So wurde in den letzten Jahren die

---

[1]Nach „Anlage E, Richtlinien für das Strafverfahren und das Bußgeldverfahren (RiStBV) in der ab 01.05.1991 bundeseinheitlich geltenden Fassung". Nachlesbar unter www.bka.de unter Stichwort „OK".

OK in Deutschland als Form einer *Schattenwirtschaft* gesehen.[2] Neueste Erkenntnisse zeigen jedoch, dass Deutschland in der EU mit einem angenommenen Anteil von ca. 15 % im unteren Feld der Betroffenheit rangiert (vgl. dazu MORE Projekt 2018, S. 11 ff.), die OK also nicht das Ausmaß angenommen oder erreicht hat, wie dies Aussagen von kriminologischer Seite befürchten ließen (vgl. mit weiteren Hinweisen Kerner 1991; Niggl 1995). Andererseits muss jedoch auch festgestellt werden, dass es – soweit man weiß – keine eigenstände mafiose Organisationsform in Deutschland gibt, auch wenn aufgrund der Globalisierung auch hier Ableger z. B. der Mafia, albanische oder türkische und kurdische OK sich am Geschäftsleben, der Prostitution oder dem Drogenhandel bereichern. Da Deutschland aber bereits seit Jahren ein „Rückzugsgebiet" mafioser Organisationen aus anderen Staaten ist (vgl. dazu Polizei-Führungsakademie 1997; Bannenberg 2006), können daraus natürlich eigenständige OK-Formen entstehen. Ebenfalls könnte der große Zuzug von Flüchtlingsgruppierungen, die oftmals eine eigene Sprache und Kultur weiterverfolgen, und aufkommende soziale Benachteiligung oder religiöse Überzeugungen dazu führen, dass sich diese zu einer OK entwickeln. Ob sich jedoch solche in einer Entwicklungsphase befinden oder bereits existent sind, darüber gibt es nur Vermutungen, sodass an dieser Stelle nur darauf verwiesen werden kann. Dabei darf nicht vergessen werden, dass bisher bestehende mafiose Organisationen, wie z. B. eine ausführliche Analyse der neapolitanischen „Camorra" zeigt (vgl. Langewiesche 2012), sich in Deutschland nicht eins zu eins entwickeln werden, sondern dies wahrscheinlich in abgewandelter Form geschehen wird. Weiterhin in diesem Zusammenhang steht auch die sog. *„Clan"-Kriminalität*. Diese Clan-Strukturen sind erst nach einer langen Entwicklungsphase ins Licht der Strafverfolgung und Öffentlichkeit gerückt und zeigen sogar die Existenz eines eigenen Rechtssystems (vgl. dazu z. B. Regierungskommission Nordrhein-Westfalen 2019; Ghadban 2018)[3]. Unter Berücksichtigung aller dieser Aspekte zeigt jedoch die vorgestellte Definition der OK in Deutschland, dass sie diese Kriminalitätsform

---

[2]Nach Annahme einiger würde die „Ausweitung der durch Schattenwirtschaften entstehenden Vernetzung zwischen herkömmlicher Wirtschaftskriminalität und organisierter Kriminalität" zur „Aufhebung der Trennung der Konzepte organisierter Kriminalität und der Wirtschaftskriminalität" führen (so Albrecht 2001, S. 143). Dies war jedoch ein Trugschluss und hat sich nicht bewahrheitet, da die Wirtschaftskriminalität und OK weiterhin ihre eigenständigen Betätigungsfelder haben und sich die OK in den letzten Jahren verstärkt die Wirtschaftsstrukturen eines globalisierten und internationalisierten Wirtschaftslebens zu Nutze macht.

[3]Vgl. dazu gleichfalls www.land.nrw/sites/default/files/asset/document/zwischenbericht_clan-kriminalitat.pdf (01.10.2019).

nur unzureichend erfasst und beschreibt. Erwähnt werden soll noch, das bei den nachfolgend vorgestellten Fallstrukturen der OK auf die Darstellung eher bandenmäßig organisierter Gruppierungen verzichtet wird, auch wenn die z. B. die *„Motorrad-Gangs"* (wie z. B. *Hell Angels* o. ä.) vielfach als OK angesehen werden.[4] Nach der in Deutschland gültigen Auffassung, sind sie jedoch eher an der Schwelle zu einer OK zu sehen.[5] In diesen Bereich gehört auch das *„Hawala-Banking"*. Dabei werden Gelder ohne Einschaltung von Banken von einem Land in das andere transferiert. Sicherlich werden darin auch Gelder aus kriminellen Handlungen oder zur Unterstützung des Terrorismus verschoben, jedoch ist dieses System auch oftmals die einzige Möglichkeit, Gelder in unterentwickelte Länder zu transferieren, sodass dazu nur unterschiedliche Erkenntnisse vorliegen.

Nachfolgend werden nun die wichtigsten und folgenreichsten Operationsfelder der OK dargestellt. Dabei ist der *Drogenhandel* wohl der wichtigste Zweit der OK und umfasst alle möglichen Drogenformen. Insbesondere hat der Heroin- und Kokainhandel – neben synthetischen Drogen – sehr stark zugenommen, wobei davon ausgegangen wird, dass allein mit dem Verkauf von Kokain ca. 90 Mrd. US$ eingenommen werden. Diese hohen Gewinne zeigen sich auch in der Tatsache, dass z. B. für die illegale Einfuhr nun auch verstärkt U-Boote, Drohnen oder größere Flugzeuge eingesetzt werden. An zweiter Stelle steht die *Schleuserkriminalität,* die einen Umfang eingenommen hat, der nach Schätzungen zahlreicher Organisationen der OK zu Einnahmen von mehr als 250 Mrd. € führen dürfte (ohne weitere Gewinne aus den Zusatzgeschäften). Damit der „Nachschub" an Menschen für die Schleusertätigkeit nicht abbricht, wird in vielen asiatischen und afrikanischen aber auch süd- und mittelamerikanischen Ländern mit zum Teil aberwitzigen Werbemethoden, wie die sofortige Ausgabe von unbeschränkt nutzbaren Kredit- oder Geldkarten an die einreisenden Personen, der Bereitschaft „nachgeholfen", damit sich Menschen zu einer Migration aufraffen. Dabei darf man nicht nur den durch die Medien vermittelten Schwerpunkt, z. B. die Migration über das Mittelmeer, im Blick haben, da diese nur einen Bruchteil der Schleusertätigkeit ausmacht. Die größten Menschenströme bewegen sich gegenwärtig über das Rote Meer und den angrenzenden Indischen Ozean, z. B. von Somalia und Äthiopien auf die arabische Halbinsel – trotz der Bürgerkriege. Gleichzeitig fliehen viele Personen aus den Bürgerkriegsregionen in die entgegengesetzte Richtung,

---

[4]Vgl. dazu die Beiträge in „Trends in Organized Crime", Jg. 2019, Heft 1.

[5]Auch die Entwicklungen in der Bandenkriminalität führen dazu, dass z. B. der Begriff „organisierte Banden" bereits Eingang in die Strafverfolgung gefunden hat und diese als „Helfer" von OK-Gruppierungen dienen.

sodass die Schleuser ihre Boote gleich zweimal einsetzen können. Die Menschen hoffen einen Arbeitsplatz finden. Dies bewahrheitet sich jedoch nur in den wenigsten Fällen und endet zumeist in sklavenmäßig organisierten Beschäftigungen. Junge Frauen werden zur Arbeit in von der OK betriebenen Bordellen auf der arabischen Halbinsel gezwungen. Ihnen werden jegliche Ausweis- und sonstige Nachweispapiere ihrer Identität abgenommen und nach einer „Ausbeutungszeit" im Meer „entsorgt" (vgl. dazu den sehr guten Bericht von Fazzina 2019). Einen ähnlichen Umfang haben auch die Schleusertätigkeiten aus Pakistan oder Bangladesch auf die arabische Halbinsel, der Südostasiatischen Staaten in Richtung Australien oder von Süd- und Mittelamerika in den industrialisierten Norden. Auch hier werden wiederum junge Frauen bereits in Mexiko abgefangen und an Bordelle in Grenznähe auf mexikanischer oder US-Seite verbracht und zu Hunderten nach ihrer Ausnutzung getötet und verscharrt (vgl. Coelho 2010; für Indien Mishra 2002). Der *Menschenhandel und die Prostitution* hängen zumeist auch mit diesem Menschenschmuggel zusammen. Daneben werden aber auch Kinder für den internationalen „Kindermissbrauchsmarkt" in z. B. Ländern mit einem niedrigen Einkommensniveau gekauft und für Filmaufnahmen oder „Kinderbordelle" missbraucht. Da diese Kinder keine registrierte „Legalität" besitzen wird ihr Verschwinden auch nicht wahrgenommen und nach dem „körperlichen Verbrauch" werden diese zumeist im Meer „entsorgt". Bekannt geworden sind Fälle aus Moldawien, deren Spuren sich in Italien „verloren" hatten. Auch in dieses Aktionsfeld gehört das gefügig machen von jungen Frauen durch sog. *Loverboys,* wobei diese eine emotionale Bindung zu den Frauen aufbauen und sie dann zur Behebung einer aktuellen Notlage zur Prostitution drängen. Diese jungen Frauen werden dann immer weiter in die Prostitutionshandlungen gedrängt. Es gibt Verdachtsmomente dafür, dass zahlreiche Vermisstenfälle von jungen Frauen dadurch entstehen und oftmals diese Frauen nach einer gewissen Zeit der körperlichen Ausbeutung in nordafrikanische Bordelle weitervermittelt werden oder als Haussklaven in dieser Region enden (vgl. zu der Vorgehensweise Kragten-Heerdink 2018). Weiterhin kommt es dazu, dass Kinder für eine *illegale Adoption* missbraucht werden und es geht sogar soweit, dass ein *Handel mit weiblichen Eizellen* – insbesondere durch Zwangsentnahme in Krankenhäusern gegen (korruptive) Bezahlung – ein lukratives Geschäftsfeld der OK geworden ist.

Ein anderes Aktionsgebiet sind die *Fälschungsdelikte.* Zur Fallgruppe Produktfälschungen[6] gehören auch die Fälschung und der Handel mit Urkunden

---

[6]Hier besteht auch eine Verbindung zur Organisierten Wirtschaftskriminalität.

aller Art.[7] Diese können von Geburtsurkunden, Pässen, Zeugnissen bis zu Lade-
papieren reichen, aber auch insbesondere Visa – sog. *„Golden Visa"* – umfassen,
die oftmals auf durch Korruption erhaltenen Originalpapieren ausgestellt werden,
sodass sie für andere Behörden schwer zu überprüfen sind (vgl. Spencer 2011;
Ladurner 2018)[8].

Der *Handel mit Rohstoffen,* z. B. im Zusammenhang mit der Entwicklung von
Smartphones oder der Elektromobilität führt dazu, dass für die Herstellung von
Akkus immer mehr – teilweise sehr seltene – Rohstoffe benötigt werden. Dazu
gehört auch *Kobalt,* das in Lithium-Ionen-Akkus Verwendung findet. Bei diesem Rohstoff wird zu über 60 % der Weltbedarf aus Minen der Demokratischen
Republik Kongo gedeckt, wobei es dort häufig zu unfassbarer Sklavenarbeit –
auch von Kindern und Frauen – kommt. Hier bestehen auch Verbindungen zur
Organisierten Wirtschaftskriminalität. Weiterhin ist Sand inzwischen zu einem
begehrten Rohstoff geworden. Dies ist nur dann nachvollziehbar wenn man weiß,
dass *Sand* aus der Wüste oder vom Meeresstrand sich aufgrund seiner Körnung
nicht zu Herstellung von Beton eignet. Aufgrund des Baubooms in verschiedenen
Ländern, wie China oder der arabischen Halbinsel, wird der Flusssand, der die
richtige Körnung aufweist, immer rarer und es kommt in verschiedenen noch
nicht sehr entwickelten Ländern zum illegalen organisierten Abbau. Dabei werden nicht nur Menschen der Sklavenarbeit ausgesetzt, sondern das rücksichtslose
Vorgehen führt zu erheblichen Umweltschäden. Weiterhin muss hier noch der
Handel mit *Holz* bzw. seltenen Hölzern angeführt werden, der zu einem umfang-
reichen Raubbau an den letzten Urwäldern der Erde führt und insbesondere in
China seine Kunden hat.

Ein weiteres Feld der OK ist der *Waffenhandel,* der aufgrund zahlloser militä-
rischer bzw. Bürgerkriegskonflikte einen beständigen Anteil an der OK hat. Dabei
werden nicht nur Schusswaffen, sondern Panzer und ganze Raketensysteme
gehandelt. Wenn auch ein Großteil dieses Handels durch korrupte Militärs in
den verschiedensten Ländern an OK-Organisationen vermittelt wird, so muss
man feststellen, dass auch die Hersteller sich an diesem Handel wohl beteiligen
müssen, da ansonsten der Umfang dieses Handels nicht möglich wäre. Gleichfalls ist die *Geldwäsche* ein wichtiges und umfangreiches Betätigungsfeld der
OK, wobei diese als „Nebentätigkeit" der anderen „Geschäftsfelder" notwendig

---

[7]Wobei dann auch wieder Verbindungen zum Menschenhandel bestehen.

[8]So sollen Malta oder Zypern in der EU solche Visa handeln. Siehe auch: www.msn.com/
de-de/news/panorama/13000-euro-f-c3-bcr-ein-deutsches-visum-e2-80-93-staatsanwalt-
schaft-ermittelt (aufgerufen am 10.09.2019).

ist. Nur mittels Geldwäsche lassen sich Einnahmen aus kriminellen Geschäften, sogenanntes „Schwarzgeld", wieder in den offiziellen Geldkreislauf einleiten, d. h. es wird „gewaschen" und damit zu „Weißgeld". Insbesondere soll Deutschland ein bevorzugtes – weil sicheres – Anlageland bzw. Umwandlungsland für solches „Schwarzgeld" sein. So sollen z. B. OK-Organisationen aus Russland in den letzten Jahren zweistellige Millionenbeträge allein in Baden-Württemberg in Immobilienprojekte investiert haben, da aus diesem Bereich fast keine sogenannten „Verdachtsmeldungen" an die Strafverfolgungsorgane erfolgen.[9] Auch der Kauf oder die Investition in Fußballvereine sollen in der letzten Zeit auf die Geldwäsche zurückgehen.

Ein weiteres Feld der OK ist die *Schutzgelderpressung,* die insbesondere im Bereich der Gastronomie oder dem Hotelgewerbe vorkommt. Jedoch zeigt sich, dass auch andere Branchen in Ländern, die eine gut strukturierte „mafiose" Organisation aufweisen, davon betroffen sind. Dies kann über reine Geldzahlungen, aber auch Beraterverträge oder der Einstellung von Personen – ohne eine Beschäftigung – bzw. durch Vorgaben, bei wem Produkte (wie Getränke oder Rohstoffe) gekauft werden müssen, erfolgen. Da hinsichtlich des Umfangs von Schutzgelderpressungen nur Vermutungen existieren, kann der materielle Schaden – neben dem Vertrauensverlust in das Rechtssystem – nur annähernd geschätzt werden (vgl. u. a. Ohlemacher 1998). Genannt werden muss weiter der *Schmuggel,* z. B. von Zigaretten oder von Tieren, Tierpräparaten oder – produkten (wie z. B. der Gallenflüssigkeit von Kragenbären in Südost-Asien). Im Fall des Schmuggelns von Tieren oder Tierprodukten hat dies schon zum Aussterben von Arten, wie z. B. bei der Gattung der Nashörner, geführt. Auch der Handel mit seltenen Vögeln (z. B. Aras) und seltenen Fischen wird von der OK zur Erzielung von hohen Gewinnen genutzt. Auch wenn der Schaden aufgrund von Steuerhinterziehung durch den Schmuggel von Tabak und Zigaretten in Deutschland seit 2014 gesunken ist (130 Mio. € in 2014 auf 89 Mio. im Jahr 2018 ⟨bis Oktober⟩[10]), soll dieser Schmuggel oder Handel mit seltenen Tieren oder Tierprodukten nach dem Drogen-, Waffen- und Menschenschmuggel die höchsten Gewinne für die OK abwerfen.[11]

---

[9]So ein Bericht von Lothar Neff und Andreas Frank in der Pforzheimer Zeitung vom 24.08.2019: 8. Vgl. dazu auch einen zusammenfassenden Bericht im Handelsblatt vom 17.08.2019: 10.

[10]Antwort der Bundesregierung auf eine Kleine Anfrage der FDP-Fraktion (BT-Drs. 19/6263). Die meisten Zigaretten wurden im Bereich des Hauptzollamts Kiel beschlagnahmt.

[11]Vgl. www.prowildlife.de/tierhandel/ (aufgerufen am 10.09.2019).

Ein neues OK-Betätigungsfeld ist in den letzten Jahren in Deutschland der *Rentnerbetrug.* Dabei handelt es sich um die organisierte Verunsicherung von älteren Personen, indem suggeriert wird, dass ein naher Angehöriger in einer Problemlage sei oder das Vermögen in Gefahr wäre und nur durch die Zahlung einer hohen Geldsumme bzw. der Aushändigung der Vermögenswerte an als Polizisten auftretende subalterne Mitarbeiter das Problem gelöst oder die Sicherheit gewährleistet werden kann. Diese Tätergruppierungen sind international verflochten und arbeitsteilig organisiert, sodass sie eine Grundform der OK darstellen. Genannt werden muss noch die *„Mitleidsindustrie"* als Masche zur Gewinnung von Spendengeldern, die überhaupt nicht oder nur zu einem äußerst geringen Teil in den „Ländern des globalen Südens" eingesetzt werden. Dabei wird insbesondere auf die mediale Vermittlung von Hilfstätigkeiten in diesen Ländern gesetzt um z. B. bei jeder Hunger- oder Naturkatastrophe anwesend zu sein. Da das Spendenaufkommen einen dreistelligen Milliardenbetrag umfasst, ist schnell nachvollziehbar, dass diese Hilfsbereitschaft von kriminell tätigen Organisationen ausgenützt wird.[12]

Zu den erfolgreichen „Arbeitsfeldern" der OK gehört ebenfalls noch der Handel mit *gefälschten Arzneimitteln* oder mit *Dopingpräparaten,* der einen Umfang von 150 Mrd. € weltweit haben soll (siehe für Europa DAZ.online[13]). Es handelt sich dabei um Teil- und Totalfälschungen, z. B. dass Krebspräparate oder HIV-Medikamente nur unzureichend den teuren Wirkstoff oder aber nur eine wässrige Lösung enthalten. Dies kommt auch vielfach bei über das Internet verkauften Dopingmitteln vor. Gleichfalls muss noch der *Betrug mit Ökostrom-Zertifikaten* angeführt werden. Diese Vorgehensweise soll einen jährlichen Schaden von 50 Mrd. € verursachen und wird aufgrund der Handelserweiterung von solchen Zertifikaten sicherlich noch zunehmen (vgl. Koberstein 2019).[14]

Abschließend muss noch erwähnt werden, dass die Strukturen der OK sich in einem laufenden Prozess des Wandels befinden, und Verbindungen zum internationalen Terrorismus bestehen und durch die Nutzung des sogenannten *Darknets* zum Verkauf von Drogen und Waffen eine Verbindung zur Cyberkriminalität besteht.

---

[12]Vgl. z. B. Heusohn unter: https://de-de.facebook.com/lothar.heusohn 2018.

[13]Unter www.deutsche-apotheker-zeitung.de/news/artikel/2019/06/13/organisierte-kriminalitaet-macht-sich-bei-arzneimittelfaelschungen-breit (vom 10.09.2019).

[14]Vgl. auch www.zdf.de/nachrichten/heute/europaeische-behoerden-warnen-vor-neuer-betrugsmasche-mit-oekostrom-100.html (aufgerufen 10.09.2019).

Organisierte Wirtschaftskriminalität 5

Was verbirgt sich hinter dem Begriff *Organisierte Wirtschaftskriminalität?* Er fasst die Bereiche zusammen, in denen die OK Wirtschaftsunternehmen für kriminelle Handlungen nutzt oder infiltriert. Dabei ist nicht unbedingt sofort ersichtlich, dass diese Unternehmen von der OK beherrscht oder eingesetzt werden. Aufgrund der nicht klaren Trennlinie zwischen OK und Wirtschaftskriminalität handelt es sich bei der Organisierten Wirtschaftskriminalität (OKWikri) um einen Sonderbereich, zu dem man nicht auf nationale Statistiken oder Lageberichte zurückgreifen kann, sondern man kann nur Berichte in den Medien heranziehen. Zu dieser Fallgruppe zählt – wobei die Zuordnungen in Einzelfällen nicht immer eindeutig sind – z. B. die *Beteiligung von „mafiosen" Organisationen* an bestehenden Handelsunternehmen, die stille Reserven für eine Gewinnausschüttung erwarten lassen. Ein besonderer Fall in diesem Zusammenhang war der des japanischen Kameraherstellers Olympus, wo nach einem Aktienaufkauf die Geschäftsleitung zu hohen Dividendenausschüttungen gezwungen wurde (vgl. Stuttgarter Zeitung vom 19.11.2011: 15). Gleichfalls werden solche „unterwanderten" Unternehmen zum Abschluss von *Beraterverträgen* (vielleicht eine andere Form von „Schutzgeldforderungen") gezwungen, wobei im vorstehenden Fall in einem Zeitraum von knapp 10 Jahren insgesamt Zahlungen in Höhe von 6,3 Mrd. US$ erfolgt sein sollen.[1] Auch zur *Organisierten Wirtschaftskriminalität* zählt ein über aufgekaufte oder neu gegründete Unternehmen durchgeführter *Handel mit Diamanten.* Hier spielen die geringen logistischen Probleme mit der Handelsware und dem einheitlichen, sehr

---

[1]Vgl. Spiegel Online vom 18.11.2011 – www.spiegel.de/wirtschaft/unternehmen/bilanzskandal-olympus-ermittler-pruefen-verbindung-zum-organisierten-verbrechen-a-798534.html (aufgerufen am 24.09.2019).

K. Liebl, *Wirtschafts- und Organisierte Kriminalität,* essentials, https://doi.org/10.1007/978-3-658-29095-5_5

sicheren Anlagewert eine große Rolle. Aus diesem Grunde können diese Handelsunternehmen auch zur Finanzierung von terroristischen Organisationen oder diktatorischen Systemen dienen. Bekannt wurde dieser Handel auch unter dem Namen „Blutdiamanten". Da die Diamanten in zahlreichen Schmuckstücken verarbeitet werden können, wobei die Kunden keine Möglichkeit der Herkunftsüberprüfung haben, lassen sie sich somit sehr leicht in Geldwerte umsetzen. Ein weiteres Handlungsfeld sind *Lotterie- und Wettbetriebe,* die weltweit agieren und alle möglichen Sportarten einbeziehen. Dabei wird verstärkt die Manipulation von Wettspielen vorgenommen, wobei Schiedsrichter und Spieler einbezogen werden. Weil aber die Überwachung der Primär-Ligen in vielen Ländern bezüglich solcher Wettmanipulationen vorhanden ist, weicht diese OKWikri auf Spielveranstaltungen in asiatischen Ländern oder den unteren Ligen in europäischen Staaten aus. Insbesondere werden solche Wettunternehmen auch zur Geldwäsche eingesetzt, da ein hoher Prozentsatz der Wetten in bar geleistet wird. Ein weiteres „Betätigungsfeld" dieser OKWikri ist die Zusammenarbeit von Unternehmen und Dienststellen internationaler Organisationen im Bereich der *humanitären Hilfe.* Dabei werden von OK-Gruppierungen solche Unternehmen, die z. B. die Belieferung mit Lebensmitteln vornehmen, besonders in von Naturkatastrophen oder Kriegsereignissen betroffenen Ländern gegründet, um damit eine regionale Förderung nach außen – auch gegenüber den Geldgebern – zu vermitteln. Bekannt wurden Fälle im Zusammenhang mit dem US-Programm „Oil-for Food" und dem Verkauf von irakischem Öl zur Finanzierung von Lebensmitteln oder auch in Kenia bzw. Ostafrika bei der Flüchtlingsunterstützung der geflohenen Menschen aus dem (Süd-)Sudan.[2] Weiterhin gehören in die Kategorie OKWikri zur Beantragung von *EU-Subventionen* gegründete Unternehmen. In diesem Zusammenhang sind umfangreiche Betrugsfälle in Bulgarien und Rumänen aber auch in Griechenland bekannt geworden. Dabei sollen z. B. zwei Unternehmen EU-Subventionen für den Tabakanbau erhalten haben, wobei die Anbaufläche fast die gesamte Landesfläche umfasst haben soll (vgl. Liebl und Kühne 2008). Auch die Gründung von Unternehmen, insbesondere in Südostasien, die Maschinen, Luxusartikel (wie Schuhe, Handtaschen, Möbel oder Kleidung) aber auch Arzneimittel unter *Patentverletzungen* etc. herstellen und weltweit vertreiben, gehören zu dieser Kategorie. Dabei werden im Bereich der Arzneimittelherstellung oftmals wirkungslose oder sogar sehr schädliche Grundstoffe im Gegensatz zu den Originalrezepturen eingesetzt um noch eine bessere Gewinnmaximierung zu erzielen. Bekannt wurde der Fall wegen in afrikanischen Staaten eingesetzten HIV-Mitteln, die nur eine wässrige Substanz enthielten und von internationalen

---

[2]Vgl. z. B. Süddeutsche Zeitung.de vom 07.03.2011: 11, Langewiesche 2014.

Organisationen finanziert wurden.[3] Gleichfalls wird über Vermögensberatungsunternehmen mit verschiedenen börsenmäßig (im geregelten oder ungeregelten Bereich) gehandelten Anlageformen, z. B. über Aktien „Leerverkäufe" oder anderen „Hebelpapieren", auf die *Kurse von Unternehmenspapieren* oder aber auch Anleihen so spekuliert, dass diese dann einen hohen Gewinn abwerfen. Insbesondere arbeitet man mit Börsen in Ländern zusammen, die einer nicht sehr wirkungsvollen Kontrolle unterliegen. Doch können derartige Praktiken auch an anderen Handelsplätzen vorkommen, wie z. B. Verdachtsmomente des bisher ungeklärten Falls von „Wirecard" aufkommen lassen.[4] Ähnliche Handlungsweisen werden auch über *Rohstoffbörsen* getätigt, wobei auch hier wiederum ein Schwerpunkt bei den asiatischen Börsen liegt. Hier wird auch über „Leerverkäufe", die eine Lieferung zu einem bestimmten Zeitraum zu einem vereinbarten Preis beinhalten, auf lebenswichtige Nahrungsmittel spekuliert und aufgrund der finanziellen Möglichkeiten der Spekulanten z. B. der Preis für Reis oder andere Naturprodukte erheblich verteuert. Dies funktioniert auch deshalb, da wegen der Kenntnis über die höheren Ankaufspreise und der beschränkten Verfügbarkeit des Rohstoffs sein Marktpreis zumeist weit über dem vereinbarten Kaufpreis liegt und somit auch darüber Gewinne erzielt werden. Des weiteren werden durch einen organisierten sehr billigen Ankauf durch ein Aufkaufmonopol bei den – zumeist völlig unorganisierten – Kleinproduzenten die Nahrungsmittel (oder Rohstoffe) gehortet[5] und können dann nach den Preissteigerungen verteuert – oftmals wieder an die ansässige Landbevölkerung (oder sogar Produzenten) – wieder veräußert werden. Insoweit ist diese Vorgehensweise für die Akteure zweimal profitträchtig. Diese Form der OKWikri lädt auch ansonsten gesetzeskonforme Unternehmen ein, sich an den Geschäften zu beteiligen, um damit gleichfalls Gewinne zu erzielen. So sind Beteiligungen von Banken an Termingeschäften mit Weizen bekannt geworden[6], die in gleicher Weise abgelaufen sind. Dabei darf natürlich nicht vergessen werden, dass durch diese Marktbeeinflussung die Verbraucher in allen Ländern geschädigt werden und es auch zu großen Umweltverschmutzungen und einer negativen Klimabeeinflussung, z. B. durch Waldrodungen, kommt.

---

[3]Vgl. dazu Berichte im Internet, wie www.aerzteblatt.de/archiv/81141/Gefaelschte-HIV-Medikamente-Schaebiges-Geschaeft (aufgerufen am 10.09.2019).

[4]Vgl. www.wallstreet-online.de/nachricht/all/whirecard (aufgerufen 19.04.2019).

[5]Sollten dabei Lebensmittel verderben ist dies nur ein kleineres Problem, da sich damit der Verkaufspreis für die anderen eingelagerten Mengen weiter verteuert und somit der Verlust „Gewinnneutral" ist.

[6]Vgl. info.kopp-verlag.de/hintergruende (aufgerufen 10.09.2015).

Staatlich organisierte Wirtschaftskriminalität

6

Allgemein verstärken sich Hinweise, dass auch Staaten die Möglichkeiten nutzen, sich über die der Wirtschaftskriminalität zuzurechnenden Handlungen bzw. deren Unterstützung zu bereichern und damit aber auch andere Staaten zu schädigen. Was verbirgt sich dahinter?

Verschiedene Staaten haben ihre Steuerpolitik darauf ausgerichtet, diejenige anderer Staaten zu „unterlaufen". Diese Staaten beteiligen sich nicht tatsächlich an Kriminalitätshandlungen, sie leisten dazu jedoch Beihilfe, sodass es wohl gerechtfertigt ist, von einer solchen Kriminalitätsform zu sprechen. Diesbezüglich ist nicht nur der Faktor der Steuerhinterziehungsmöglichkeiten zu beachten, sondern auch die Tatsache, dass dadurch oftmals „Pools" von Schwarzgeld geschaffen werden können, die sich jederzeit in den normalen Wirtschaftskreislauf zurückführen lassen. Diese Möglichkeiten der Beihilfe beginnen beim Schutz und der Verhinderung der Zuordnung von Vermögenswerten zu einzelnen Personen, sodass sie keiner Besteuerung im Heimatland unterliegen. Weiter wird die Möglichkeit geboten, durch Korruption oder Veruntreuungen von Staatsgeldern erlangte Vermögenswerte vor einem Zugriff – auch nach einer Strafverfolgung etc. – abzusichern. Bekanntermaßen gibt es so handelnde Staaten in der Karibik, aber auch in Europa sind für solche Anlagen z. B. die Schweiz, Luxemburg, Irland, die Kanalinseln oder die Ile of Man hinsichtlich verschiedener Ausformungen und Intensität solcher „Beihilfehandlungen" bekannt.[1] Zwar werden auf internationalen Druck hin immer wieder – insbesondere in Europa – diese Möglichkeiten eingeschränkt oder auch

---

[1]Vgl. in diesem Zusammenhang die Steuernachzahlungsforderung der EU von 13 Mrd. € an Apple im Jahr 2019 (siehe z. B.: www.tagesschau.de/ausland/eu-gericht-apple-eu-101. html, aufgerufen am 18.09.2019).

von den als „Steueroasen" geltenden Ländern die Geldanlagemöglichkeiten eingeschränkt, jedoch werden die Möglichkeiten und der Umfang von solchen Geld-
anlagen aufgrund des angeführten „Bankgeheimnisses" weiterhin eher verschleiert
als offengelegt. Eine gemeinsame Haltung der z. B. durch die Steuerhinterziehung
betroffenen Staaten kommt oftmals aufgrund des Schutzes von nationalen Unternehmen nicht zustande, z. B. wegen Gefährdung von Arbeitsplätzen oder um sie
vor Konkurrenzunternehmen zu schützen. Weiterhin wird die Aufklärung von
durch politisch-korruptive Handlungen erlangten Geldern nicht tatsächlich voran-
getrieben, da ansonsten eventuell auch die Geldgeber in das Rampenlicht der
Öffentlichkeit kommen würden, was jedoch politisch unerwünscht ist. So ist es bis
heute noch zu einem Großteil ein Rätsel, wo das Vermögen des ehemaligen lybi-
schen Staatspräsidenten Gaddafi sich befindet bzw. wer es sich in der Zwischenzeit
angeeignet hat. Die Liste dieser verschwundenen Vermögenswerte ließe sich noch
umfangreich ergänzen.

In diesem Zusammenhang ist auch noch die sehr leichte Einrichtung von
Firmensitzen – ohne großen finanziellen oder organisatorischen Aufwand – in
den „Steueroasen" zu erwähnen. Über diese Firmensitze werden dann z. B. die
Rechnungsstellung von verkauften Produkten und deren Zahlung abgewickelt,
sodass dort – zumeist in einem Niedrigsteuersatz-Land – auch die Gewinne auf-
laufen. Daneben werden, z. B. über die Berechnung von Lizenzgebühren (wenn
z. B. Patente auf diese Firmensitze übertragen wurden), Gewinne in Ländern
mit höheren Steuersätzen geschmälert oder sogar Verluste ausgewiesen. Die
Schädigung der Staaten, die diesen Unternehmen die Produktionsmöglichkeiten
geben, ist damit vorprogrammiert, wobei die Darstellung der gesamten Palette
der möglichen Vorgehensweisen den gegebenen Rahmen an dieser Stelle spren-
gen würde. Leider fehlen bisher einschlägige kriminologische Untersuchungen zu
diesen Vorgehensweisen, sodass man zumeist auf Medienberichte angewiesen ist.
Dabei soll an dieser Stelle nicht vergessen werden, dass auch Staaten mit ihrer
Innenpolitik bestimmte Personengruppen oder Unternehmen schützen oder diese
bevorteilen. So ist auch aus Griechenland das Zusammenspiel von Politik, Verwaltung und den reichsten Bürgern des Landes bei der Steuerfestsetzung oder
auch beim Landverkauf bekannt. Aber auch Deutschland hat bisher die Arbeit der
sogenannten „Treuhand", die die Abwicklung des – zumeist – unternehmerischen
Vermögens der DDR vornehmen sollte, nicht aufgearbeitet. Warum Konkurrenzunternehmen zu westdeutschen Firmen abgewickelt wurden oder bestimmte
Immobilien (wie Ländereien, Schlösser etc.) an oftmals dubiose Käufer veräußert
wurden, diese Fragen harren weiter auf Aufklärung (vgl. u. a. Pötzl 2019; Boers
u. a. 2010).

Weiter zu nennen sind in diesem Zusammenhang auch *Sabotageangriffe durch Hacker* auf IT-Systeme von Unternehmen oder Behörden. Sind auch einige dieser Angriffe auf die Erzielung von Lösegeld aus und gehören eigentlich zur OK, so zeigte sich, dass zahlreiche dieser Angriffe wohl von China, Iran oder Nordkorea gesteuert waren und tatsächlich Aspekte eines Wirtschaftskrieges beinhalten (vgl. Stuttgarter Zeitung vom 25.07.2019: 12). Deutschlandweit bekannt geworden ist der Angriff auf die Stuttgarter Messe oder auch die Angriffe auf Energiekonzerne, deren Hintergründe noch nicht abschließend geklärt sind. Ob es dabei um die Störungen des Wirtschaftslebens oder um Vorbereitungen für ein Ausschalten von Versorgungsunternehmen in Konfliktfällen geht, ist bisher noch nicht im Ansatz geklärt.

Umfang der Wirtschafts- und Organisierten Kriminalität

Bedauerlicherweise gibt es für Deutschland keine genauen Hinweise über den Umfang der Wirtschafts- und Organisierten Kriminalität. Bis 1985 – also vor über 30 Jahren – erschien die letzte Veröffentlichung einer statischen Erfassung der Wirtschaftskriminalität in Deutschland. Diese wurde dann eingestellt, da aufgrund der zunehmenden Verfahrenszahlen und des Medieninteresses eine weitere Veröffentlichung politisch nicht gewollt war. Diese Statistik zeigte damals, dass jährlich ca. 3500 Verfahren mit einer Schadenssumme von 3 Mrd. €[1] von den Staatsanwaltschaften abschließend bearbeitet worden sind (vgl. dazu Liebl 1984, 1986). Da in den letzten Jahrzehnten immer wieder Verfahren bekannt geworden sind, bei denen der angerichtete Schaden um diese Gesamtschadenssumme lag[2], kann man davon ausgehen, dass die Schadenssummen nicht geringer, sondern weiter stark angestiegen sind. Auch hinsichtlich der Schadensbeträge von eventuellen Steuerhinterziehungsfällen, dem sogenannten „Steuerlichen Mehrergebnis", gab es in Deutschland eine jährliche Veröffentlichung. Auch diese wurde eingestellt, sodass auch darüber oder aber auch hinsichtlich der Fälle bei den Zollverwaltungen keine – wenigstens auf der Ebene von Hinweisen – Informationen zu den Schäden vorliegen (vgl. ausführlich Liebl 2013). Da auch die Polizeiliche Kriminalstatistik (PKS), auf die sich die Aussagen zur Kriminalität in Deutschland in den allermeisten Fällen berufen, die Wirtschaftskriminalität nicht gesondert ausweist und so z. B. bei Betrugsfällen darüber keine Aussagen gewonnen werden können, kann oftmals nur auf die Lagebilder der LKÄ zurückgegriffen werden. Jedoch gibt es

---

[1]Umgerechnet aus den DM-Beträgen.
[2]Man vgl. z. B. den „Schneider"-, „Flotex" oder „P & R"-Fall. Auch die sog. „Cum-Ex"-Geschäfte sollen Schäden im Milliarden-Bereich angerichtet haben.

auch hier große Veröffentlichungsunterschiede und das Bundesland Bremen sieht sogar wegen Personalmangels von der Veröffentlichung ab (vgl. Liebl 2013, 2017). Annahmen, die sich auf die PKS beziehen und die Lagebilder berücksichtigen, kommen zu der Aussage, dass ca. 5 % der Ermittlungen sich in Deutschland auf Fälle der Wirtschaftskriminalität beziehen und dabei ungefähr 2/3 der ausgewiesenen Schadenssummen ausmachen. Auch hinsichtlich der Schädigungen der EU[3] durch z. B. Subventionsbetrug ist man auf einzelne Presseberichte angewiesen, da jährliche Statistiken nicht geführt werden. Dabei lassen Presseveröffentlichungen aufhorchen, wenn dort ausgeführt wird, dass „2017 … den öffentlichen Kassen wegen Betrugs, Steuervermeidung und Insolvenzen rund 137 Milliarden Euro an Einnahmen entgangen (sind), teilte die EU-Kommission am Donnerstag in Brüssel mit“.[4] Es zeigt sich, dass man im Bereich der Wirtschaftskriminalität eine Zurückhaltung zeigt, die man bei der „Straßenkriminalität“ nicht feststellen kann.

Hinsichtlich der Schäden durch OK kann man sich gleichfalls nicht auf die Kriminalstatistik(en) stützen, sondern ist auf Medienhinweise oder z. B. auf das Bundeslagebild des BKA angewiesen. So weist das Lagebild für 2017[5] 572 Ermittlungsverfahren (2010 606 Verfahren) mit einem Schaden von 209 Mio. € (2010 1,65 Mrd. €) aus. Trotz der darin ausgeführten „weiterhin hohen Bedrohungslage durch OK“ (BKA 2019, S. 6) lässt der Rückgang der Schädigungen seit 2010 um über 87 % doch aufhorchen. Warum dies so ist, lässt sich aus den Lagebildern nicht nachvollziehen. Ebenfalls für den EU-Bereich findet man dazu keine aussagekräftigen Statistiken. Damit ist man auch hier auf Medienberichte angewiesen. So meldete vor Kurzem das ZDF, dass alleine jährlich rund 50 Mrd. € Schaden in der EU nur durch Betrug mit Ökostrom-Zertifikaten und den Umsatzsteuerkarussellen entstünde (vgl. Koberstein 2019). Die „Organisation für wirtschaftliche Zusammenarbeit und Entwicklung“ (OECD) veröffentlichte eine Meldung, nach der kriminelle Banden, Netzwerke und Einzeltäter insgesamt 870 Mrd. US$ Schaden (im Jahre 2016) angerichtet hätten.[6] Demgegenüber wird in einem Bericht von

---

[3]Hinsichtlich des Umfangs der Tätigkeit der Zollbehörden werden jeweils nur einzelne Aspekte durch Pressemitteilungen bekannt. So wurde in einer dpa-Meldung im September 2019 berichtet, dass im Jahre 2017 im EU-Bereich 27 Mio. Artikel als Fälschungen beschlagnahmt wurden, wobei diese einen Wert von 740 Mio. € gehabt hätten.

[4]Vgl. Merkur.de vom 20.09.2019 unter www.merkur.de/wirtschaft/eu-weniger-schaeden-durch-steuerbetrug-und-insolvenzen-zr-12975651.html.

[5]Zuletzt veröffentlicht.

[6]Vgl. Der Tagesspiegel vom 16.05.2017 unter www.tagesspiegel.de/wirtschaft/organisierte-kriminalitaet-milliardenschaden-fuer-staat-und-verbraucher/19811406.html.

Andreas Frank davon gesprochen, dass die UN die jährlichen Einnahmen der OK auf 3000 Mrd. € schätzt.[7] Insoweit liegt selbst hinsichtlich des Schadens durch OK keine einhellige Meinung vor.

Zusammenfassend muss man feststellen, dass die Tatsache, dass die Schadensschätzungen anerkannter internationaler Organisationen in unvorstellbar hohe Milliardensummen reichen und man demgegenüber feststellen muss, dass die Nationalstaaten es immer mehr vermeiden, Statistiken über diese Schäden offenzulegen, die Brisanz dieser Kriminalität aufzeigt. Leider fehlt es hier an einer Öffentlichkeit, die einen offenen Umgang mit diesen Kriminalitätsformen einfordert. Die Gefahren z. B. für die Demokratie und die Umwelt werden entweder nicht wahrgenommen oder einfach in Kauf genommen.

---

[7]Vgl. www.stern.de/politik/deutschland/themen/andreas-frank-4119980.html (aufgerufen am 09.09.2019).

Zukünftige Anforderungen

Abschließend bleibt die Frage, ob die gegenwärtig erkennbaren Bemühungen zur Eindämmung der Wirtschaftskriminalität oder OK erfolgreich sein werden. Leider ist davon wohl nicht auszugehen, da die geringen Rohstoffreserven zu weiteren Versuchen führen werden, Konkurrenten auf diesem Markt – wie auch immer – auszuschalten. Die Weltmärkte werden weiterhin umkämpft sein, sodass bei einer zunehmenden Zahl von zu beschäftigenden Personen, z. B. in China, es zu weiteren Bemühungen kommen wird, andere Volkswirtschaften aus dem Markt zu verdrängen. Damit werden in diesen Ländern weitere soziale Probleme ausgelöst oder verstärkt. Dies dürfte dann wohl auch zu neuen und verstärkten Migrationsbewegungen in vermeintlich „sichere" oder „einkommensstabile" Länder führen, was wiederum die Schleusertätigkeit ansteigen lassen dürfte. Gleichzeitig wird es in armen aber rohstoffreichen Ländern verstärkt zu einem illegalen Abbau dieser Vorkommen und der Zusammenarbeit mit der OK kommen, da ansonsten diesen Menschen der Hungertod droht. Dass z. B. die Rodung von Wäldern oder der Einsatz von Quecksilber extrem schädliche Auswirkungen auf die Umwelt und das Weltklima haben, lässt keinen positiven Ausblick auf die Zukunft aufkommen. Nicht unerwähnt bleiben dürfen auch die exorbitanten Unterschiede bei der Vermögens- und Einkommensverteilung innerhalb der Weltgesellschaft.[1] Wenn beispielsweise 3 Amerikaner ebenso viel besitzen wie die gesamte Unterschicht in den USA oder

---

[1]Vgl. den jüngsten „Armutsbericht 2019" für Deutschland. Abrufbar beim Paritätischen Gesamtverband unter www.der-paritaetische.de/schwerpunkt/armutsbericht/ (vom 08.10.2019).

ein Unternehmen, wie z. B. „Berkshire Hathaway" (eine US Holdingsgesellschaft[2] mit einer Beteiligung an ca. 80 Firmen von Versicherungskonzernen bis zum Einzelhandel), einen höheren Unternehmenswert besitzt – es hat einen Marktwert von ca. 450 Mrd. US$ – als der deutsche Bundeshaushalt 2019 Ausgaben und Einnahmen ausweist (ca. 360 Mrd. €). „Berkshire Hathaway" gehört jedoch „nur" zu den 20 größten US-Firmen und erzielte 2017 einen Gewinn von ca. 40 Mrd. US$, wobei die Aktie mit einem Kurswert von ca. 305.000 US$ (22.08.2019) zur teuersten Aktie der Welt gehört (ca. 10 Jahreseinkommen eines sehr gut verdienenden Angestellten).[3] Man kann als Beispiel auch noch anführen, dass 1 CEO (Vorstandsvorsitzender) in den USA das gleiche jährliche Einkommen erzielt wie 361 Beschäftigte (vgl. Engelhardt 2019). Aufgrund dieser Beispiele kann man sich leicht vorstellen, dass die Gefahr einer weiteren gesellschaftlichen Differenzierung und Segregation schnell wächst. Es muss daher im Interesse aller Staaten liegen, die Einkommensungleichheit abzubauen. Die einzelnen Staaten dürfen sich nicht aus egoistischen Motiven heraus von der Einhaltung der Grundsätze des legalen Handelns im Wirtschaftsverkehr verabschieden, sondern die gesamte Staatengemeinschaft muss versuchen, die Strukturen, die Wirtschaftskriminalität und OK ermöglichen, maximal einzudämmen – auch wenn davon auszugehen ist, dass dies immer nur in Teilen gelingen wird.

---

[2]An der Warren Buffet (der mit ca. 90 Mrd. US$ Vermögen angeblich als dritt-reichster Mensch der Erde gilt) eine Mehrheitsbeteiligung hält.

[3]Weiter gedacht: Das Vermögen dieser 20 Unternehmen dürfte also mehr als das 20 fache des Bundeshaushalt betragen.

Was Sie aus diesem *essential* mitnehmen können

- Überblick der Phänomenologie des Deliktsbereichs
- Zusammenfassung des Umfangs und der Schädigungen durch diese Kriminalität
- Analyse der vielfältigen Verflechtungen und Tätigkeitsfelder der kriminellen Organisationen
- Hinweise auf die Verfolgungsdefizite und auch der politischen Hintergründe
- *Aufzeigen der notwendigen Veränderungen zu einer effektiven Verfolgung dieses Kriminalitätsaspekts*

Literatur

Albrecht, Hans-Jörg. 2001. Organisierte Wirtschaftskriminalität – Ein fassbarer Tatbestand? In *Polizei-Führungsakademie,* Hrsg. Organisierte Kriminalität, 123–144. Münster: Polizei-Führungsakademie.

Arnold, Jörg. 2000. Kriminelle Vereinigung und organisierte Kriminalität in Deutschland und anderen europäischen Staaten. In *Organisierte Kriminalität als transnationales Phänomen,* Hrsg. Vincenzo Militello et al., 87–176. Freiburg.

Arzt, Gunther. 2013. Milliardenschwere Geldwäscherei im Untergrund Schweizer Banken. In *Kriminologie, Kriminalpolitik und Strafrecht aus internationaler Perspektive,* Hrsg, Klaus Boers, 1127–1137. Tübingen.

Balla, Balint et al. Hrsg. 2012. *Korruption, soziales Vertrauen und politische Verwerfungen.* Hamburg.

Bannenberg, Britta. 2002. Korruption in Deutschland. *Forum Kriminalprävention, Heft* 4:22–23.

Bannenberg, Britta. 2006. Bemühungen zur Eindämmung organisierter Kriminalität. In *Gewalt,* Hrsg. Wilhelm Heitmeyer et al., 422–434. Bonn.

BKA. 2019. *Bundeslagebild Organisierte Kriminalität 2019.* Wiesbaden.

Boers, Klaus. Hrsg. 2010. *Wirtschaftskriminalität und die Privatisierung der DDR-Betriebe.* Baden-Baden.

Bundesministerium des Innern/Bundesministerium der Justiz. 2006. *Zweiter Periodischer Sicherheitsbericht.* Berlin.

Bundesministerium für Inneres, Bundeskriminalamt. 2019. *Polizeiliche Kriminalstatistik 2018.* Wien.

Burkatzki, Eckhard. 2015. *Kriminalität im Marktkontext.* Rothenburg.

Bussmann, Kai-D. 2018. Wirtschaftskriminalität. In *Kriminalsoziologie,* Hrsg. Dieter Hermann und Andreas Pöge, 339–356. Baden-Baden.

Cabolis, Christos. 2018. Corruption and ethical practices perceptions. In *Criterion of the month, August, IMO World Competitivenes Center.* Lausanne.

Coelho, Alexandra Lucas. 2010. Ciudad Juárez, Mexiko. *Lettre International* 90:78–88.

Coleman, James William. 1987. Toward an interated theory of white-collar crime. *American Journal of Sociology* 93:406–539.

Council of Europe. 2014a. *White paper on transnational organised crime.* Strasbourg.

Council of Europe. 2014b. *Measuring corruption in the EU*. Brussels.

Duyne, Petrus C. van .2002. *Upperworld and underworld in cross-border crime*. Nijmegen.

Engelhardt, Tom. 2019. Klimasurrealismus. *Lettre International* 126:135.

European Anti Fraud Office (OLAF). 2018. *Bericht des europäischen Amtes für Betrugs-bekämpfung, Statistical evaluation of irregularities reported for 2017: Own resources, agriculture, cohesion and fisheries policies, pre-accession and direct expenditure*. Brüssel.

European Parliament. 2002. *Working document*. Strasbourg: Committe on Budgetary Control.

Fazzina, Alixandra. 2019. Hin und zurück. *Mare* 133:36–52.

Ghadban, Ralph. 2018. *Arabische Clans – die unterschätzte Gefahr*. Berlin.

Graeff, Peter. 2018. Korruption. In *Kriminalsoziologie*, Hrsg. Dieter Hermann und Andreas Pöge, 357–368. Baden-Baden.

Haesler, Walter T. Hrsg. 1984. *Politische Kriminalität und Wirtschaftskriminalität*. Diessen-hofen.

Heindl, Robert. 1926. *Der Berufsverbrecher*. Berlin.

Höffling, Christian. 2002. *Korruption als soziale Beziehung*. Opladen.

Huber, Barbara. Hrsg. 2002. *Combating corruption in the European Union*. Köln.

Kerner, Hans-Jürgen. 1991. Schattenwirtschaft. In *Kriminologie-Lexikon*, Hrsg. Kerner, 287–289. Heidelberg.

Kliche, Thomas. Hrsg. 2011. *Korruption, Forschungsstand, Prävention, Probleme*. Lengerich.

Knickmeier, Susanne. 2019. Spies without borders? The phenomena of economic and industrial espionage and the deterrence strategies of Germany and other selected European countries, nur unter Security Journal. https://doi.org/10.1057/s41284-019-00199-1. Zugegriffen: 24. Sept. 2019.

Koberstein, Hans. 2019. Jährlich 50 Milliarden Schaden, Neue Betrugsmasche mit Öko-strom-Zertifikaten, nur unter: www.zdf.de/nachrichten/heute/europaeische-behoer-den-warnen-vor-neuer-betrugsmasche-mit-oekostrom-100.html. 7. Mai 2019.

Kragten-Heerding, Suzanne. 2018. More than just „pushing and pulling" conceptualizing identified human trafficking in the Netherland. *Crime & Delinquency* 64 (13): 1765–1789.

Kühne, Eberhard, und Liebl, Karlhans. 2014. *Subventionsbetrug in der EU-25 unter besonderer Berücksichtigung der Unternehmenskriminalität*. Rothenburg.

Kühne, Eberhard, und Liebl, Karlhans. Hrsg. 2015. *Forschungen zur Wirtschaftskriminali-tät*. Rothenburg.

Kühne, Hans-Heiner. 1995. *Festschrift für Koichi Miyazawa*. Baden-Baden.

Ladurner, Ulrich. 2018. Eintritt in die EU? Macht 250.000 Euro, in Security Journal, auf-rufbar unter https://doi.org/10.1057/s41284-019-00199-1.

Lampe, Klaus von, und Knickmeier, Susanne. 2018. *Organisierte Kriminalität, Die aktu-elle Forschung in Deutschland*. Berlin.

Langewiesche, William. 2012. Gesetze des Verbrechens. *Lettre International* 97:12–19.

Langewiesche, William. 2014. Sicherheit und Söldner. *Lettre International* 105:60–62.

Laudan, Sebastian. 2019. Neue Wege in der Bekämpfung schwerer und organisierter Kriminalität. *Die Polizei* 110 (8): 225–256.

Liebl, Karlhans. 1984. *Die Bundesweite Erfassung von Wirtschaftsstraftaten nach einheit-lichen Gesichtspunkten*. Freiburg.

Liebl, Karlhans. 1985. Wirtschaftskriminalität als Gegenstand von Forschung und Praxis. *Aus Politik und Zeitgeschichte* 11:31–44.

Liebl, Karlhans. 1986. „Bekämpfung der Wirtschaftskriminalität“, Höhenflug mit Bauchlandung? *Kriminologisches Journal* 18:50–59.

Liebl, Karlhans. 2000. „Ich bin korrupt, Du bist korrupt, wir sind korrupt“. *Soziale Probleme* 11 (1): 5–22.

Liebl, Karlhans. 2011. *Insolvenzkriminalität und Strafverfolgung.* Freiburg.

Liebl, Karlhans. 2013. *Kriminalität, Kriminalitätserfassung und Fragen des Dunkelfeldes.* Frankfurt.

Liebl, Karlhans. 2017. *Arzneimittelkriminalität in Deutschland.* Rothenburg.

Liebl, Karlhans. Hrsg. 1987. *Internationale Forschungsergebnisse auf dem Gebiet der Wirtschaftskriminalität.* Pfaffenweiler.

Liebl, Karlhans, und Eberhard, Kühne. Hrsg. 2008. *Wirtschaftskriminalität und die Rolle der Strafverfolgungsorgane.* Rothenburg.

Middendorff, Wolf. 1983. Geldraub, Tatformen und Täter. *Kriminalistik* 37 (3): 169–175.

Militello, Vincenzo, Jörg, Arnold, und Letizia, Paoli. 2000. *Organisierte Kriminalität als transnationales Phänomen.* Freiburg.

Mishra, Pankaj. 2012. Mord in Indien. *Lettre International* 58:54–66.

MORE Projekt. 2018. *Mapping the risk of serious and organised crime: Infiltration in Europe.* Milano: Final Report.

Müller, Michael, und Wolfgang Niewald. 2006. Unternehmensansatz und Stabsarbeit bei der Bekämpfung der Organisierten Kriminalität. *Polizei-heute* 35:97–2000.

Neckel, Sighard. 1995. Der unmoralische Tausch. Eine Soziologie der Käuflichkeit. *Kursbuch* 120:9–16.

Niggl, Peter. 1995. „Russen-Mafia“ in Berlin. *Kriminalistik* 49 (10): 637–644.

Ohlemacher, Thomas. 1998. *Verunsichertes Vertrauen?* Baden-Baden.

Ohlemacher, Thomas. 1999. Viewing the crime wave from the inside: Perceived rates of extortion among restaurateurs in Germany. *European Journal on Criminal Policy and Research* 7:43–61.

Pötzl, Norbert. 2019. *Der Treuhand Komplex.* Hamburg.

Polizei-Führungsakademie. Hrsg. 1997. *Organisierte Kriminalität mit Schwerpunkt Wirtschaftskriminalität.* Münster.

Pütter, Norbert. 1997. Organisierte Kriminalität in amtlichen Zahlen, Über Aussagekraft der Lagebilder. *Bürgerrechte & Polizei* 1:15–25.

Röhrich, Lutz. 1994. *Das große Lexikon sprichwörtlicher Redewendungen.* Freiburg.

Schäfer, Anja. 2015. Einführung in die Grundlagen des Lebensmittelrechts aus der Perspektive der Strafverfolgungsbehörden. In *Forschungen zur Wirtschaftskriminalität,* Hrsg. Eberhard Kühne et al., 375–470. Rothenburg.

Schneider, Hans Joachim. 1974. *Kriminologie.* Berlin.

Sieber, Ulrich. 1998. Eurofraud, Subventionsbetrug und Steuerhinterziehung zum Nachteil der Europäischen Gemeinschaft. In *Die Kontrolle der Anwendung des Europäischen Wirtschaftsrechts in den Mitgliedstaaten,* Hrsg. Rudolf Streinz et al., 75–141. Bayreuth.

Simmel, Georg. 1907. *Philosophie des Geldes.* Leipzig.

Sinn, Arndt. 2016. *Organisierte Kriminalität 3.0.* Wiesbaden.

Sinn, Arndt et al. Hrsg. 2019. *Auswirkungen der Liberalisierung des Internethandels in Europa auf die Arzneimittelkriminalität.* Berlin.

Smith, Geoffrey. Hrsg. 2011. *Studying frau as white collar crime.* Basingstoke.

Spencer, Jon. 2011. *Organised crime.* Helsinki.

Warner, Carolyn M. 2003. Creating a common market for fraud in the European Union. *The Independent Review* 8 (3): 249–257.

Weitemer, Ingmar. 2000. Mafia in Deutschland? *Kriminalistik* 54 (3): 153–154.

Wien. 2012. Bundesministerium für Justiz, Korruptionsstrafrecht in Österreich, nur unter: www.justiz.gv.at/web2013/file/2c948485398b9b2a013c6764c78f2bfb.de.0/korrstraeg_fibel_webversion.pdf.

Zachert, Hans-Ludwig. 1995. Organisierte Kriminalität. In *Festschrift für Koichi Miyazawa*, Hrsg. Hans-Heiner Kühne, 283–304. Baden-Baden.